Inhaltsverzeichnis

1 „Worum geht's?": Der Verein im Rechtsleben 4
1. Bedeutung des Vereins 4
2. Welche Rechtsform darf es sein? 4
3. Maßgebliche Rechtsvorschriften 5

2 „Los geht's!": Die Gründung eines Vereins 6
1. Die Grundsäulen des Vereins: Zweck, Mitglieder, Satzung 6
2. Das Gründungsverfahren 7
3. Vereinssatzung 9
4. „Umwandlung" eines nicht eingetragenen Vereins in einen e. V. 16
5. Datenschutz im Verein 17

3 „Weiter geht's": Das Leben im Verein 18
1. Die Mitgliederversammlung 18
2. Der Vorstand 21
3. Sonstige Organe des Vereins 24
4. Haftung und Haftungsbegrenzung 25

4 „Wie geht's?": Änderungen im Verein 30
1. Satzungsänderungen 30
2. Vorstandsänderungen 32
3. Mitgliedsänderungen und besondere Formen der Mitgliedschaft 34

5 „Nichts geht mehr": Das Ende des Vereins 38
1. Auflösung 38
2. Liquidation 38
3. Registereintragung 39
4. Sonstige Beendigungsgründe 40

6 „Geht's auch steuerlich gut?": Verein und Finanzamt 41
1. Gemeinnützigkeit 41
2. Ertragsteuern/Verkehrsteuern/sonstige Steuern 42
3. Eine Auswahl weiterer Fragen 43

7 „Wenn's ums Geld geht ...": Kostenfragen 45
1. Grundsätzliches 45
2. Anfallende Kosten 45
3. Streit über die Kosten 47

8 „Noch Fragen?" 48

Anhang 49

Sachregister 63

1 „Worum geht's?": Der Verein im Rechtsleben

1. Bedeutung des Vereins

Nicht jeder von uns wird in seinem Leben Mitglied in einem Verein. Doch gleich ob im Sport, zum Musizieren, zum Wandern und Klettern, zur gemeinsamen Freizeitgestaltung, zur Pflege von Brauchtum und Tradition, im Kirchenleben oder im sozialen Bereich – jedem von uns begegnen Vereine auf Schritt und Tritt.

Diese Broschüre widmet sich der wohl häufigsten Rechtsform: dem eingetragenen Verein – kurz „e. V." (zur Unterscheidung zwischen Verein und eingetragenem Verein siehe sogleich unter *2b)*, Seite 5). Deutschlandweit sind rund 600.000 Vereine im Vereinsregister eingetragen.

Aber: Was ist eigentlich ein eingetragener Verein? Wie kann ein Verein gegründet werden? Welche Vorgänge sind im Vereinsregister einzutragen? Wie wird die Mitgliederversammlung ordnungsgemäß einberufen? Wie lange währt die Amtsdauer eines Vorstandes? Wer leitet die Mitgliederversammlung? Wie wird ein Verein wieder aufgelöst?

So manche Vereinsmitglieder haben sich diese oder ähnliche Fragen schon gestellt. Und nicht alle können Freunde, Bekannte oder Mitstreiter im Verein beantworten. Den in eingetragenen Vereinen engagierten Menschen und auch denen, die sich zur Gründung eines neuen Vereins zusammenfinden, möchte diese Broschüre eine verlässliche Hilfe an die Hand geben, um zuverlässig den Weg durch die Vorschriften des Vereinsrechts zu finden.

2. Welche Rechtsform darf es sein?

Das Zivilrecht stellt eine beeindruckende Bandbreite von Rechtsformen zur Verfügung, in denen eine Gruppe von Personen gemeinschaftliche Ziele verfolgen kann: eingetragene oder nicht eingetragene Vereine, Gesellschaften bürgerlichen Rechts, Personenhandelsgesellschaften, Kapitalgesellschaften, usw. Sie alle sind mehr oder weniger geläufig, ihre Gemeinsamkeiten und Unterschiede sind aber nicht immer klar und einfach zu benennen. Häufig sind die Übergänge fließend.

Viele dieser „Organisationen", insbesondere auch der eingetragene Verein, sind „juristische Personen". Eine juristische Person kann selbst, wie ein Mensch, Träger von Rechten und Pflichten, also z. B. Vertragspartner, Arbeitgeber, Steuerschuldner oder Erbe sein.

a) Der Verein und seine Verwandten: Gesellschaft und Verein

Das BGB kennt grundsätzlich zwei Formen von Personenzusammenschlüssen: Körperschaft und Gesellschaft. Prototyp der Körperschaft ist der Verein, Grundtyp der Gesellschaften ist die Gesellschaft bürgerlichen Rechts, kurz „GbR".

Auf diesen Grundformen basieren weitere Rechtsformen: Personenhandelsgesellschaften wie oHG und KG sind besondere Formen der Gesellschaften. GmbH und AG als „Kapitalgesellschaften" sind besondere Körperschaften. Sie alle aber unterscheiden sich von der GbR und dem Verein in ihrem Zweck, der regelmäßig auf einen wirtschaftlichen Geschäftsbetrieb gerichtet ist.
Manches eint GbR und Verein. So sind beide (1) eine Verbindung verschiedener Personen zur Verfolgung eines gemeinsamen Zwecks, (2) können auf Dauer angelegt sein und (3) führen einen Namen.
Daneben aber bestehen grundsätzliche Unterschiede: So dient die „GbR" prinzipiell nur dem Zusammenschluss **bestimmter Personen** zu einem ganz bestimmten – häufig nur kurzen oder vorübergehenden – Zweck, z. B. bei einer

Vereinsrecht

Rund um den eingetragenen Verein (e. V.)

4. Auflage

Vorwort

Vereine sind eine zentrale Stütze für unsere Gesellschaft und unser freiheitlich-demokratisches Staatswesen. Vereine fördern das Allgemeinwohl und sind vielfach die Grundlage ehrenamtlichen Engagements.

Dafür gebührt Ihnen, liebe Bürgerinnen und Bürger, mein herzlicher Dank. Unabhängig davon, ob Sie sich für den Sport oder soziale Belange einsetzen, Brauchtumspflege betreiben oder sich Kunst und Kultur widmen: Sie kümmern sich eigenverantwortlich und uneigennützig in Ihrer Freizeit um das Gemeinwohl.

Es ist mir deshalb ein besonderes Anliegen, Ihnen mit dieser Broschüre praktische Tipps für die Vereinsarbeit an die Hand zu geben – egal ob Sie bereits in einem Verein aktiv sind oder sich künftig engagieren wollen.

Die Informationsbroschüre kann zwar eine fachkundige Beratung durch Rechtsanwältinnen und Rechtsanwälte sowie Notarinnen und Notare im Einzelfall nicht ersetzen. Sie enthält aber wichtige Informationen zur Vereinsgründung, zur Gestaltung der Satzung und zu praxisrelevanten Fragen des Vereinslebens sowie eine Reihe praktischer Muster, die Ihnen Anregungen für Ihre individuelle Gestaltungen bieten.

Das Gesetz zur Ermöglichung hybrider und virtueller Mitgliederversammlungen ist am 21. März 2023 in Kraft getreten. Damit wird Mitgliedern, die aufgrund langer Anreisewege oder aus terminlichen Gründen nicht am Sitzungsort erscheinen können, die Versammlungsteilnahme erleichtert.

Wir haben in Bayern eine blühende Vereinslandschaft. Die Zahl der eingetragenen Vereine wächst kontinuierlich, derzeit sind über 94.000 eingetragene Vereine in Bayern registriert. Es ist mir eine besondere Freude, Sie mit dieser Informationsbroschüre bei Ihrem Engagement zu unterstützen.

München, im Februar 2024

Georg Eisenreich, MdL
Bayerischer Staatsminister der Justiz

Lottogemeinschaft, der Verein ist regelmäßig für neue Mitglieder offen. Anders als beim Verein führen der Tod oder die Kündigung eines Gesellschafters der „GbR“ nach den gesetzlichen Regelungen zu deren Auflösung. Und schließlich ist die „GbR“ durch das Prinzip der Einstimmigkeit (Verein: grds. Mehrheitsbeschluss) geprägt. Daraus lässt sich eine Definition für den Verein ableiten.

Der Verein
- ist ein Zusammenschluss mehrerer Personen,
- ist regelmäßig nicht auf einen wirtschaftlichen Geschäftsbetrieb gerichtet,
- kennt die Möglichkeit des Mitgliederwechsels,
- tritt als Einheit unter einem Gesamtnamen auf,
- wird durch einen Vorstand vertreten und
- die Meinungsbildung erfolgt durch Beschlussfassung nach Stimmenmehrheit.

b) Eingetragene und nicht eingetragene Vereine

Mag die Wahl für die Rechtsform „Verein“ noch eindeutig zu treffen sein, so muss nun entschieden werden, ob der Verein ins Vereinsregister eingetragen werden soll oder nicht. Eine **Pflicht zur Eintragung** ins Vereinsregister besteht nicht. Unterbleibt sie, liegt ein nicht eingetragener Verein, das BGB nennt ihn seit 1. Januar 2024 „Verein ohne Rechtspersönlichkeit“, vor.

Eingetragene Vereine (e. V.) und nicht eingetragene Vereine unterscheiden sich **nicht** durch den Vereinszweck: Regelmäßig verfolgen beide Zwecke, die „nicht auf einen wirtschaftlichen Geschäftsbetrieb gerichtet sind“. Auch die Rechtsfähigkeit, also die Fähigkeit, selbst Träger von Rechten und Pflichten zu sein, die an sich nur den „e. V.“ auszeichnet, trennt die Vereinstypen nicht (mehr) wesentlich, da der nicht eingetragene Verein inzwischen weitestgehend mit dem „e. V.“ gleichbehandelt wird.

Im Wesentlichen bestehen **Unterschiede** bei
- der Haftung des Vorstandes: Während beim e. V. grundsätzlich nur der Verein als solcher haftet, trifft die Haftung beim nicht eingetragenen Verein den Vorstand persönlich, soweit mit dem Geschäftspartner im Einzelfall nichts anderes vereinbart wurde (mehr zur Haftung siehe S. 25 ff.),
- einem Grundstückserwerb: Bisher waren bei nicht eingetragenen Vereinen neben dem Vereinsnamen alle Mitglieder namentlich einzutragen; durch eine gesetzliche Neuregelung ist seit Anfang 2024 die Grundbucheintragung nicht eingetragener ideeller Vereine u. U. gar nicht mehr möglich; dies ist aber noch nicht abschließend geklärt.
- Detailfragen der Vereinsorganisation und der Mitwirkung des Gerichts bei Streitigkeiten innerhalb des Vereins.

Ein wesentlicher Unterschied liegt daneben in der sog. **Publizität des Vereinsregisters:** Der eingetragene Verein kann über das Register eindeutig Bestand und Vertretung nachweisen. **Die Personen, die im Register eingetragen sind – und nur sie –, sind zur Vertretung des Vereins befugt.** Darauf kann und darf sich jeder verlassen. Diese Nachweismöglichkeit steht dem nicht eingetragenen Verein nicht zur Verfügung.

3. Maßgebliche Rechtsvorschriften

Das Recht, sich zu Vereinigungen zusammenzufinden, besitzt Verfassungsrang. Das Grundgesetz gewährleistet grundsätzlich jedem Deutschen die Freiheit, sich mit anderen Menschen zur Verfolgung gemeinsamer Ziele zusammenzuschließen – oder es zu unterlassen.

Da die Vereinigungsfreiheit im Grundgesetz auf „alle Deutschen“ beschränkt ist, können sich bei so genannten „Ausländervereinen“ weitergehende Grenzen ergeben.

Das Bürgerliche Gesetzbuch (BGB) enthält die maßgeblichen Rechtsvorschriften für alle Vereine. Es bestimmt, welche Regeln zwingend zu beachten sind, und klärt, in welchem Bereich die Vereine in ihrer Ausgestaltung frei sind.

Das Vereinsgesetz enthält daneben (lediglich) Vorschriften zum Vorgehen gegen Vereine, die die Vereinsfreiheit missbrauchen. Das Versammlungsgesetz kann für öffentliche Versammlungen und „Aufzüge“ maßgeblich sein. Die Steuergesetze erfassen selbstverständlich auch Vereine. Insbesondere für Parteien, Gewerkschaften und Arbeitgeberverbände sind daneben spezialrechtliche Vorgaben zu beachten.

2 „Los geht's!": Die Gründung eines Vereins

Die Gründung eines eingetragenen Vereins ist keinen besonderen Regelungen unterworfen. Sie vollzieht sich in zwei Schritten: Im **ersten, eigentlichen „Gründungsakt"** einigen sich die Gründer auf ihren Zusammenschluss in einem Verein, legen die Satzung fest und bestimmen den ersten Vorstand (Näheres hierzu siehe S. 7). Eigene Rechtsfähigkeit erlangt der Verein dann mit dem **zweiten Schritt**, der **Eintragung in das Vereinsregister** (Näheres hierzu siehe S. 8 f.).

1. Die Grundsäulen des Vereins: Zweck, Mitglieder, Satzung

a) Vereinszweck

Das grundlegende, die Mitglieder einende Bindeglied des Vereins liegt in dessen Zweck. Er bringt die Menschen „unter einem Dach" zusammen und ist Richtschnur allen Vereinshandelns. Er kann grundsätzlich frei gewählt werden, darf jedoch **nicht rechts- oder sittenwidrig** und **nicht auf einen „wirtschaftlichen Geschäftsbetrieb" gerichtet** sein. Um eine Prüfung zu ermöglichen, müssen in der Satzung eines e. V. neben der Zweckangabe auch die entscheidenden Vorhaben des Vereins so beschrieben werden, dass sich daraus die wesentliche Art der Vereinstätigkeit ergibt.

Die genauen Grenzen der (nicht) wirtschaftlichen Tätigkeit sind zuletzt wieder verstärkt Gegenstand juristischer Diskussionen geworden. Trotz noch offener Fragen wird man davon ausgehen können, dass ein zulässiger Vereinszweck immer solange vorliegt, als der Verein **nicht planmäßig und auf Dauer in unternehmerischer Funktion am Markt teilnehmen** möchte. Daneben sind unternehmerische (Neben-)Tätigkeiten (auch bei größerem Umfang) jedenfalls dann unschädlich, wenn der Verein einen **gemeinnützigen Zweck iS des Steuerrechts** verfolgt (sh. dazu sogleich) und sein Geschäftsbetrieb diesem Zweck dient. Dem Steuerrecht kommt insoweit eine wesentliche Indizwirkung zu. In Grenzfällen kann konkreter juristischer Rat nötig werden.

⚠ WICHTIG

Wichtig für das Steuerrecht: Für Vereine, die gemeinnützig tätig sein wollen (also *ausschließlich und unmittelbar gemeinnützige, mildtätige oder kirchliche Zwecke verfolgen*, wie dies das Steuerrecht in der Abgabenordnung definiert), gilt: Sie müssen in der Satzung u. a. angeben, welche steuerbegünstigten Zwecke (ausschließlich und unmittelbar) verfolgt werden, und bestimmen, wem das Vermögen des Vereins bei Auflösung oder Zweckwegfall zukommen soll.

Die – nach Möglichkeit einzuhaltende – Musterformulierung der Finanzbehörden ist in der Mustersatzung in Muster 1 enthalten. Weitere Hinweise zum Steuerrecht finden sich in Kap. 6, S. 41 ff.

Der Festlegung des Vereinszwecks in der Satzung kommt entscheidende Bedeutung zu. Sie ermöglicht nicht nur die Prüfung der Eintragungsfähigkeit des Vereins und ggfs. die seiner Anerkennung als gemeinnützig. Der Vereinszweck schafft auch den Rahmen für die Tätigkeit von Vorstand und Mitgliederversammlung. Einmal festgelegt ist er in der Zukunft nur schwer änderbar (Einzelheiten zur Zweckänderung finden sich auf S. 30 f.).

b) Mitglieder

Kein Verein ohne Mitglieder: Während die Vereinsgründung an sich schon durch zwei Personen (nicht aber nur eine) möglich ist, setzt die Eintragung in das Vereinsregister zum Eintragungszeitpunkt mindestens **sieben Mitglieder** voraus.

An der Gründung eines Vereins können neben natürlichen und juristischen Personen auch nicht eingetragene Vereine und Gesellschaften bürgerlichen Rechts beteiligt sein. Auch Minderjährige können als Gründer mitwirken, bedürfen jedoch der Mitwirkung ihrer gesetzlichen Vertreter. Auch im Übrigen ist eine Vertretung bei der Gründung zulässig. Eine „Zwangsmitgliedschaft" aber, also der Erwerb der Mitgliedschaft ohne entsprechende Beitritts- oder Mitwirkungserklärung, ist grundsätzlich unzulässig.

Sinkt die Mitgliederzahl nach Eintragung unter drei herab, kann das Registergericht auf Antrag des Vorstandes oder von Amts wegen die (durch Eintragung ursprünglich erlangte) Rechtsfähigkeit wieder entziehen. Der Verein ist dann zu liquidieren. Der Wegfall gar aller Mitglieder führt automatisch zum Erlöschen des Vereins (vgl. S. 38).

Die Mitgliedereigenschaft kann grundsätzlich auch an bestimmte Funktionen außerhalb des Vereins (z.B. bestimmte Berufsfunktion o.Ä.) geknüpft werden (vgl. S. 11).

c) Satzung

Von entscheidender Bedeutung für die Gründung des Vereins ist die Festlegung der Gründungsmitglieder auf die Vereinssatzung. Sie schafft die rechtliche Grundordnung, die „Verfassung" des Vereins. In ihr sind **alle für das Vereinsleben wesentlichen Grundentscheidungen** zu treffen. Im Rahmen der Vorgaben des Gesetzes ist der Verein bei der Ausgestaltung der Satzung grundsätzlich frei.

> Einschränkungen können sich im Einzelfall aus Spezialgesetzen und aus allgemeinen Rechtsgrundsätzen, wie dem Grundsatz von Treu und Glauben, ergeben. Grundsätzlich gilt, dass die Grenzen desto enger zu ziehen sind, je größer die wirtschaftliche oder soziale Macht eines Vereins ist.

Die **wesentlichen Anforderungen an die Satzung** sind auf S. 9 ff. dargestellt.

Die Satzung bildet aber häufig nicht die alleinige Rechtsordnung eines Vereins. Neben ihr können weitere – bindende – Regelungen bestehen. So kann die Satzung vorsehen, dass sog. (nicht zur Satzung gehörende) **Vereinsordnungen** möglich sind, und festlegen, wie sie zu erlassen sind. Bestimmt die Satzung nichts anderes, ist zu ihrem Erlass die Mitgliederversammlung zuständig. „Vereinsordnungen" regeln speziellere, nicht die **Grund**entscheidungen betreffenden Fragen des Vereinslebens, und binden die Mitglieder wie die Satzung selbst. Wichtig ist aber, dass sie sich (zur Vermeidung ihrer Unwirksamkeit) – als „untergeordnete" Normen – stets im Rahmen der Satzung bewegen und keine „Leitprinzipien" des Vereinslebens betreffen. Ihr Inhalt ist grundsätzlich auf Durchführungsbestimmungen, ergänzende (Verfahrens-)Fragen u.Ä. zu beschränken. Als **„Richtlinien", „Einrichtungsnutzungs-, Beitrags- oder Sportordnungen", „Abteilungsregeln" oder „Verfahrensregelungen für die Mitgliederversammlung"** o.Ä. gehören sie nicht zum Satzungsrecht (auch wenn sie das von sich behaupten mögen). Satzungs(ergänzenden) Charakter haben sie nur, wenn die Satzung selbst sie „als Satzungsbestandteil" mit einbezieht.

Ohne satzungsmäßige Grundlage sind schließlich bloße „Geschäftsordnungen" denkbar, die den Geschäftsgang von Vereinsorganen regeln, aber keine Grundlage für Maßnahmen bieten, die in die Rechtsstellung von Mitgliedern eingreifen.

2. Das Gründungsverfahren

a) Einigung der Gründer

Für das Abhalten einer Gründungsversammlung bestehen **keine formellen Vorgaben,** d.h. es muss weder schriftlich geladen noch sonst irgendeine Formvorschrift eingehalten werden. Denkbar ist auch die spontane Gründung eines Vereins ohne jeden „Vorlauf" oder die Festlegung der Vereinssatzung im schriftlichen Verfahren.

b) Niederlegung der Satzung und Protokoll über die Wahl des Vorstandes („Gründungsprotokoll")

Die schriftliche oder notarielle Niederlegung (also Aufzeichnung, Bestätigung o.Ä.) der Vereinsgründung, z.B. in Protokollform, ist **nicht Wirksamkeitsvoraussetzung** für das Entstehen eines Vereins. Die Eintragung in das Vereinsregister setzt jedoch die Vorlage einer schriftlichen Satzung und einer „Urkunde" über die Bestellung des Vorstandes voraus. Damit ist **für den „e. V." die Schriftform,** egal ob hand- oder maschinengeschrieben, **unentbehrlich.** Sie empfiehlt sich zur Beweissicherung in jedem Fall.

 **TIPP**

Da die Eintragung nur erfolgt, wenn der Verein mindestens sieben Mitglieder hat, sollte die Satzung von mindestens sieben Mitgliedern unterzeichnet werden und außerdem die Angabe des Tages der Errichtung enthalten. Empfehlenswert ist, die Satzung durch alle Personen unterzeichnen zu lassen, die an der Gründung mitwirken, um so den Vereinsbeitritt zu dokumentieren.

Daneben ist eine „Urkunde über die Wahl des Vorstandes", also ein entsprechendes Wahlprotokoll, vorzulegen. Dieses Protokoll, das in seinem Text auch festhalten sollte, wer sich an der Gründung des Vereins und der Wahl beteiligt hat, muss nicht notwendig von allen Gründern unterzeichnet sein. Hier genügt die Unterschrift durch die Personen, die nach der neu festgelegten Satzung zur Protokollunterzeichnung vorgesehen sind, in der Regel also Schriftführer und/oder Vorsitzende(r).

 **TIPP**

Der Vorstand (oder eine sonstige Person) sollte – unter Aufnahme in das Protokoll und am besten – für die Nutzbarkeit bei späteren Satzungsänderungen – zusätzlich durch Aufnahme einer entsprechenden Regelung in der Satzung – von den Gründungsmitgliedern ermächtigt werden, den Satzungswortlaut anzupassen, soweit dies (außerhalb von Grundentscheidungen der Vereinsgründung) durch Beanstandungen des Registergerichts oder des Finanzamtes erforderlich ist. Dadurch kann eine erneute Versammlung häufig vermieden werden. Die als Muster 1 beigefügte Mustersatzung sieht in § 7 eine solche Ermächtigung vor.

Einen Formulierungsvorschlag für ein Gründungsprotokoll enthält **Muster 2.**

→ **HINWEIS**

Bei der Gründung müssen (wohl) rechtlich zwingend alle in der Satzung vorgesehenen Vorstandsämter besetzt werden. Bei späteren Wahlen ist dies an sich nicht zwingend, jedoch gehen die Gerichte teilweise davon aus, dass nicht vollständig besetzte Vorstände nicht beschlussfähig seien. Die Satzung kann hier Vorsorge treffen.

c) Vereinsregisteranmeldung und Eintragung

Haben sich die Gründungsmitglieder auf den Wortlaut der Satzung geeinigt, ist die Gründungsphase beim nicht eingetragenen Verein abgeschlossen. Der „e. V." muss noch seine Eintragung in das Vereinsregister, das regelmäßig am örtlichen Amtsgericht geführt wird, veranlassen. Bearbeitet wird der Vorgang von Rechtspfleger(inne)n am Registergericht, einer Abteilung des Amtsgerichts. Die einzelnen Registergerichte und deren jeweiliger Zuständigkeitsbereich sind auf der Homepage des Bayerischen Staatsministeriums der Justiz unter www.justiz.bayern.de/service/juristisches-lexikon/#jump_0_201 (unter Vereinsregister – Einsicht) abrufbar.

a) Vereinsregisteranmeldung

Die Anmeldung muss vom Vorstand in vertretungsberechtigter Zahl vorgenommen werden. Diese Anmeldung bedarf der **Beglaubigung.** Dazu sind bundesweit die Notare zuständig, in Baden-Württemberg daneben die Ratschreiber, in Hessen die Vorsteher der Ortsgerichte und in Rheinland-Pfalz auch Ortsbürgermeister, Gemeinde- und Stadtverwaltungen.

Eine Zuständigkeit anderer Behörden besteht innerhalb Deutschlands nicht. Die bisweilen anzutreffende „amtliche Beglaubigung" durch Behörden, z. B. Einwohnermeldeämter, Bürgerbüros o. Ä. ist nicht ausreichend. Wird eine Unterschrift im Ausland beglaubigt, sollten deutsche Konsularbeamte aufgesucht werden.

Den Text der Anmeldung erstellt gerne der Notar, der sich dann auch um den Vollzug kümmert, also die Anmeldung beim örtlich zuständigen Amtsgericht einreicht, deren Bearbeitung überwacht und den Verein über die

Eintragung benachrichtigt. Zu den Kosten vgl. S. 45 ff. Dem Verein, der den Text lieber selbst erstellen möchte, dient die als **Muster 3** enthaltene Musterformulierung.

Der Anmeldung sind stets Abschriften von Satzung und Gründungsprotokoll beizufügen. Weitere Unterlagen sind grundsätzlich nicht nötig, insbesondere auch die Klärung etwaiger Gemeinnützigkeit ist dem Registergericht nicht nachzuweisen.

b) Prüfung durch das Gericht

Das Vereinsregister prüft, ob die Gründungsvoraussetzungen vorliegen, insbesondere ob die Mindestmitgliederzahl gewahrt, der Vorstand vollständig besetzt und die zwingenden Anforderungen des BGB an die Satzung eingehalten sind. Es prüft auch, ob Bedenken gegen den Namen des Vereins bestehen.

Bei behebbaren Mängeln – dies wird der Regelfall sein – wird das Registergericht durch eine sog. **„Zwischenverfügung"** die Mängel benennen und eine Frist zu deren Beseitigung setzen. Liegen unbehebbare Mängel vor, wird die Anmeldung kostenpflichtig zurückgewiesen.

c) Eintragung

Nach erfolgter Prüfung folgt die Registereintragung: Es werden Name und Sitz des Vereins, der Tag der Gründung und die Mitglieder des Vorstandes sowie deren Vertretungsbefugnis im Vereinsregister eingetragen. Hierüber wird eine Eintragungsnachricht direkt an den Verein (an die in der Anmeldung genannte Adresse) gesandt, ggfs. erfolgt die Benachrichtigung auch über den die Registeranmeldung betreibenden Notar. Durch diese Nachricht oder einen entsprechenden Vereinsregisterauszug, der über den Notar oder vom Vereinsregister zu erhalten ist, aber auch online unter www.handelsregister.de abgerufen werden kann, kann der Bestand des Vereins und seine Vertretung gegenüber Dritten nachgewiesen werden. Regelmäßig ist ein derartiger aktueller Vereinsregisterauszug zur Eröffnung eines Vereinskontos oder zu Kontoverfügungen vorzulegen.

⚠ WICHTIG

Wichtig für das Steuerrecht: Die Gründung eines Vereins ist dem zuständigen Finanzamt **innerhalb eines Monats** nach Gründung anzuzeigen. Dabei sind – zumindest in Kopie – das Gründungsprotokoll, die Satzung und der Vereinsregisterauszug vorzulegen.

d) Vorverein

Das rechtliche Gebilde in der Zeit zwischen der Einigung der Gründer und der Eintragung des Vereins in das Vereinsregister nennt der Jurist „Vorverein". Er kann bereits durch seine Organe, also regelmäßig die Mitgliederversammlung und den Vorstand, handeln, also grundsätzlich Geschäfte abschließen und Vermögen erwerben. Alle Rechte und Pflichten des „Vorvereins" gehen mit Eintragung auf den eingetragenen Verein über.

→ HINWEIS

Bis zur Eintragung kann der als Vorstand Handelnde **persönlich** haften. Dies kann vor allem dann zum Tragen kommen, wenn die Eintragung des Vereins endgültig scheitert oder nicht mehr verfolgt wird. Zur Haftung nach Eintragung siehe S. 25 ff.

3. Vereinssatzung

Das BGB stellt nur einen kleinen „Katalog" von Bestimmungen auf, die in jedem Fall in der Satzung enthalten sein müssen, um die Vereinsregistereintragung zu erzielen.

TIPP

Um Schwierigkeiten bei der Eintragung des Vereins in das Register zu vermeiden, kann die Satzung vor Gründung mit dem Registergericht, dem Notar oder einem Rechtsanwalt abgestimmt werden.

⚠ WICHTIG

Wichtig für das Steuerrecht: Soll ein Verein als gemeinnützig anerkannt werden, sollte auch zuvor der Kontakt mit dem örtlich zuständigen Finanzamt für Körperschaften gesucht werden.

a) Mindestinhalt – „Das Pflichtprogramm"

Die Satzung eines Vereins, der in das Vereinsregister eingetragen werden soll, muss enthalten:

- den Vereinsnamen und einen Hinweis darauf, dass der Verein eingetragen werden soll (vgl. aa),
- den Sitz des Vereins (vgl. bb),
- den Vereinszweck (vgl. dazu bereits S. 16),
- Regelungen über den Eintritt und Austritt der Mitglieder (vgl. cc),
- Bestimmungen darüber, ob und welche Beiträge von den Mitgliedern zu leisten sind (vgl. dd),
- Bestimmungen über die Bildung des Vorstandes (vgl. ee) und
- die Voraussetzungen, unter denen die Mitgliederversammlung einzuberufen ist, über die Form ihrer Einberufung (vgl. ff) und die „Beurkundung" (Protokollierung) ihrer Beschlüsse (vgl. gg).

aa) Der Vereinsname

Grundsätzlich kann der Verein seinen Namen frei bestimmen. Der Name muss jedoch den Grundsätzen der Namenswahrheit und -klarheit entsprechen und den Namensschutz Dritter wahren. So soll er sich von den Namen anderer Vereine, die bereits an seinem Sitz bestehen, deutlich unterscheiden und darf nicht zur Täuschung über Art, Größe, Alter oder sonstige Verhältnisse des Vereins geeignet sein.

Täuschend können etwa Zusätze oder Namensbestandteile sein, die eine besondere wirtschaftliche oder soziale Bedeutung oder regionale Verbundenheit vortäuschen. **Vorsicht** ist z. B. geboten bei:

- geographischen Zusätzen, wenn der Verein in der Region keine (besondere) Bedeutung hat („Bayerischer/Deutscher/Europäischer Verein für ..."),
- Namensbestandteilen, die – fälschlich – eine Verbindung mit bestimmten Berufsgruppen vorspiegeln, (z. B. „Ärzte-/Apotheker-/Anwaltsvereinigung", wenn nicht die entsprechenden Berufsträger zumindest maßgeblich beteiligt sind),
- Begriffen wie „Verband", „Akademie", „Institut", „Stiftung", „Landesarbeitsgemeinschaft" oder „Fachverband für ...", die besondere Erwartungen wecken,
- (Jahres-)Zahlen, die nicht mit dem Gründungsjahr identisch sind.

Kurz gesagt: Der neu gegründete Verein sieben befreundeter Hobbymusiker sollte sich nicht als „Internationales Zentrum für Orchestermusik" bezeichnen. Im Zweifel sollte vorweg die Klärung mit dem Registergericht oder einem Rechtsberater erfolgen.

Daneben muss die Satzung klarstellen, dass der Verein **ins Vereinsregister eingetragen werden soll.** Dies geschieht regelmäßig am einfachsten durch einen Hinweis in der Satzung, der in etwa wie folgt lauten kann:

Formulierungsbeispiel: *„Der Verein soll in das Vereinsregister eingetragen werden. Mit der Eintragung führt er den Zusatz „e. V."*.

bb) Sitz des Vereins

Als Sitz des Vereins muss regelmäßig eine (politische) **Gemeinde,** auch ein Gemeindeteil, angegeben sein. Regelmäßig überflüssig ist jedoch die Angabe einer konkreten Adresse, da jede Adressänderung eine Satzungsanpassung erfordern würde.

Als Sitz des Vereins soll regelmäßig der Ort gewählt werden, an dem sich die Vereinsverwaltung befindet und zu dem ein besonderer Bezug besteht.

> Eine derartige enge Beziehung zum Sitz ist zwar nicht zwingend, schon allein wegen der daran anknüpfenden Gerichts- und Behördenzuständigkeit aber empfehlenswert.

cc) Bestimmungen über den Eintritt und Austritt der Mitglieder

Die Satzung muss klar bestimmen, auf welche Art und Weise die Vereinsmitgliedschaft erworben werden kann und welche Verfahren und Fristen beim Vereinsaustritt einzuhalten sind.

Der **Beitritt** stellt rechtlich einen „Vertrag" dar. Er kann zwar mündlich/schlüssig geschlossen werden. In jedem Fall ist jedoch aus Beweisgründen eine **schriftliche Beitrittserklärung** empfehlenswert. Ein Formulierungsbeispiel findet sich in **Muster 7** (S. 60). Daneben kann die Satzung weitere Formalien fordern.

 **TIPP**

Es ist möglich und häufig ratsam zu bestimmen, dass der Verein das Mitglied in einer gesonderten Aufnahmeerklärung ausdrücklich aufnehmen muss. So kann der Verein einen gewissen Einfluss auf die Mitgliedschaft nehmen. Denkbar ist auch, den Beitritt erst mit Übergabe bestimmter Unterlagen (Mitgliedskarte o. Ä.) wirksam werden zu lassen.

Daneben ist die Festlegung bestimmter Mitgliedsvoraussetzungen, z. B. Beruf, Wohnsitz, Alter, Ausbildung, Geschlecht oder Staatsangehörigkeit ebenso denkbar, wie ein Verfahren, das „Bürgen" im Sinne von „Leumundszeugen" o. Ä. für Beitrittswillige fordert.

→ **HINWEIS**

Rechtlich problematisch und regelmäßig unwirksam sind diskriminierende Differenzierungen, also Vereinsregelungen, die ohne sachlichen Grund bestimmte Personen oder Personengruppen schlechter behandeln, als andere.

Grundsätzlich ist auch die zahlenmäßige Begrenzung der Mitgliederzahl, wie die Begrenzung des Mitgliederkreises auf bestimmte Personen, zulässig.

⚠ **WICHTIG**

Wichtig für das Steuerrecht: Eine zu starke Beschränkung der Mitgliedschaft kann die Gemeinnützigkeit des Vereins in Frage stellen. **„Gemeinnützigkeit"** fordert grundsätzlich die Offenheit für jedermann.

Das **Recht zum Austritt** aus dem Verein kann die Satzung in keinem Fall ausschließen. Sie kann aber für die Austrittserklärung, die grundsätzlich mit Zugang beim Verein wirksam ist, (höchstens) Schriftform vorsehen und regeln, dass der Austritt nur zum Schluss des Geschäftsjahres oder erst nach dem Ablauf einer Kündigungsfrist zulässig sein soll. Die **Kündigungsfrist** kann jedoch höchstens zwei Jahre betragen. Wie eine Austrittserklärung aussehen kann, zeigt **Muster 8** (S. 61).

dd) Bestimmungen über Mitgliedsbeiträge

Die Satzung schafft und begrenzt die Möglichkeit der Erhebung von Beiträgen, Umlagen oder Sonderzahlungen. Derartige Leistungen können (nur) festgelegt und eingefordert werden, wenn dies die Satzung **dem Grunde nach** erlaubt bzw. vorsieht. Unerheblich ist, ob es sich um laufende oder einmalige Beiträge handelt. Bei gemeinnützigen Vereinen sind bestimmte Höchstgrenzen zu wahren, um die Gemeinnützigkeit nicht zu gefährden. Nur bei entsprechender Festlegung in der Satzung (unter Festsetzung des zulässigen Höchstumfangs) ist auch die Begründung von Pflichten zu Sachbeiträgen oder Arbeitsleistungen denkbar.

TIPP

Die tatsächliche Beitrags**höhe** und deren Fälligkeit sollte zur größeren Flexibilität nicht in der Satzung festgelegt sein (jede Änderung würde sonst eine Satzungsänderung erzwingen), sondern einem bestimmten Vereinsgremium, regelmäßig der Mitgliederversammlung, zugewiesen werden.

Differenzierungen bei der Beitragspflicht oder bei der Beitragshöhe für bestimmte Personengruppen sind zulässig. Bei der Festsetzung ist aber der Gleichbehandlungsgrundsatz zu beachten: Unzulässig sind Differenzierungen ohne hinreichenden sachlichen Grund.

ee) Bildung des Vorstandes

Die Satzung muss eindeutig festlegen, wer zum Vorstand gehört (ohne natürlich einzelne Personen namentlich zu nennen), also welche Ämter bzw. Funktionen bestehen. „Bildung des Vorstandes" meint die **Größe und Zusammensetzung des Vorstandes:** Der Vorstand kann aus einer oder mehreren Personen bestehen. Die Satzung kann eine Höchst- oder Mindestzahl festlegen oder der Mitgliederversammlung die Bestimmung der Zahl bestimmter Vorstandsmitglieder freistellen.

Grundsätzlich können auch Nichtmitglieder oder Minderjährige Vorstandsmitglied sein, soweit dies die Satzung nicht ausschließt. Eine eindeutige Satzungsregelung ist empfehlenswert.

TIPP

Bei der Festlegung der Größe des Vorstandes durch die Satzung ist zwischen dem Wunsch, die Verantwortung auf mehrere Schultern zu verteilen und dabei viel Sachverstand im Vorstand zu versammeln, und der Wahrung der Funktionstüchtigkeit des Gremiums abzuwägen. Bei „zu großen Vorständen" kann nicht nur die Willensbildung erschwert sein, sondern auch die Besetzbarkeit der Funktionen in Gefahr geraten. Häufige Wechsel bedingen auch häufige Vereinsregisteränderungen. In vielen Fällen können sich flexible Regelungen (z. B. „ein bis drei Beisitzer (...)" o. Ä. als geeigneter Kompromiss erweisen.

Viele Vereine wünschen „erweiterte Vorstände" oder Ähnliches. „Vorstand" im Sinne des BGB sind aber nur die Personen, die zur Vertretung des Vereins befugt und daher in das Vereinsregister eingetragen sind. Nicht vertretungsbefugte „Vorstandsmitglieder" gibt es nicht. Möchte der Verein daher eine **erweiterte „Vorstandschaft"** vorsehen, die aus vertretungsberechtigten und nicht vertretungsberechtigten (nicht in das Register eingetragenen) Mitgliedern besteht, sollte dieses Gremium schon begrifflich vom Vorstand abgesetzt werden. Üblich sind etwa Bezeichnungen wie „erweiterte Vorstandschaft", „Vereinsführung", „Präsidium" o. Ä. Diese Bezeichnung ist in der Satzung konsequent „durchzuhalten", um stets zu wissen, welchem Gremium welche Befugnisse zukommen. Die Abgrenzung „Vorstand" und „Vorstand im Sinne des BGB" ist zumindest unglücklich, sie sollte vermieden werden.

TIPP

Von ausschlaggebender Bedeutung ist es stets, den Vorstand als das zur Vertretung des Vereins nach außen zuständige Vereinsorgan von anderen „Führungsgremien" abzugrenzen. Einen „Vorstand im Sinne des § 26 BGB" neben einen „Vorstand" (im Sinne der Satzung) zu setzen, führt regelmäßig zu Problemen.

Soweit die Satzung keine abweichende Bestimmung vorsieht, erfolgt die **Bestellung des Vorstandes** (also die Festlegung, welche Personen den Vorstand bilden) immer **durch Beschluss der Mitgliederversammlung.**

Die Frage der Vertretungsregelung, also die Bestimmung, welche Vorstandsmitglieder den Verein nach außen wirksam vertreten können, ist zwar nicht zwingend in der Satzung zu regeln, die Klärung ist aber dringend zu empfehlen. Ihr widmen sich die Ausführungen auf S. 21 f. Dort sind auch die Aufgaben und Befugnisse des Vorstandes dargestellt.

Unabhängig von der Vertretungsregelung nach außen ist es denkbar, in einer internen „Geschäftsordnung" o. Ä. den Vorstandsmitgliedern im Sinne eines „Ressortprinzips" verschiedene Aufgaben zuzuweisen bzw. Vorstandsvorsitzenden eine „Richtlinienkompetenz" zu gewähren. Dies kann – über die häufig schon in der Ämterbezeichnung angelegte Zuweisung hinaus – der klaren und konfliktfreien Aufgabenverteilung und -erledigung innerhalb des Vorstandes dienen.

ff) Einberufung der Mitgliederversammlung

Die Art der Einberufung der Mitgliederversammlung kann nicht dem Vorstand überlassen werden, sie ist in der Satzung festzulegen. Da Einberufungsmängel zur Unwirksamkeit von Beschlüssen führen können, sollte die Satzung präzise, aber nicht übertrieben formalistisch ausgestaltet sein. Sie sollte **Zuständigkeit, Form und Frist** der Einberufung regeln. Die Mitteilungsart kann die Satzung grundsätzlich frei wählen, muss sie jedoch eindeutig festlegen. In Betracht kommen insbesondere (Rund-)Schreiben, Einladungen in „Textform" wie Fax oder E-Mail, Aushang oder Presseveröffentlichung. Bekanntmachung durch „Zeitung" genügt nicht, das Mitteilungsblatt muss konkret bezeichnet werden. Die Bestimmung „ortsüblicher" Ladung genügt ebenfalls nicht.

Die **sinnvolle Ladungsform** muss jeder Verein für sich finden. Sie wird sich auch an Größe und Struktur des Vereins orientieren. Grundsätzlich muss sie aber sicherstellen, dass jedes Mitglied die Gelegenheit erhält, von Ort, Zeit und Tagesordnung der Versammlung rechtzeitig Kenntnis zu erlangen.

Vorsicht ist bei alternativen Einladungsformen geboten, also der Bestimmung, dass in der einen oder anderen Form zu laden sei. Solche Wahlmöglichkeiten können zwar im Einzelfall zu akzeptieren sein, wenn (durch eindeutige Regelungen der Satzung) für jedes Mitglied leicht ersichtlich ist, wie es seine Einladung bekommt (vgl. auch § 10 Nr. 1 der Mustersatzung, S. 51). Wenn die bestehenden Alternativen einzelnen Mitgliedern die Kenntnisnahme der Ladung aber wesentlich erschweren, sind sie stets unzulässig. Am sichersten ist es daher, alternative Ladungsformen zu vermeiden, denn: Ladungsfehler bergen die Gefahr der Unwirksamkeit gefasster Beschlüsse! (vgl. S. 18, 21)

Nach den gesetzlichen Bestimmungen können Beschlüsse nur gefasst werden, wenn deren Gegenstand bei der Einladung angegeben, er also auf die **Tagesordnung** gesetzt war. Die Satzung kann diese Vorgaben verschärfen und an den notwendigen Inhalt der Einladung strengere Anforderungen stellen, sie kann sie aber auch „aufweichen", insbesondere dadurch, dass sie es ermöglicht, Anträge auch nachträglich (etwa bis zu einem bestimmten Zeitpunkt vor der Mitgliederversammlung, u. U. auch in der Versammlung selbst) auf die Tagesordnung setzen zu können. Für die Zulassung solcher „nachträglicher Anträge" können auch besondere Voraussetzungen vorgesehen werden (z. B. die Unterstützung des Antrages durch eine bestimmte Zahl von Mitgliedern, die Eilbedürftigkeit des Antrages o. Ä.).

Die Satzung sollte auch die zwischen Ladung und Versammlung einzuhaltende **Frist** und deren Berechnung festlegen. Regelmäßig wird eine Ladungsfrist von ein bis zwei Wochen ausreichen. Bei besonderen Vereinsstrukturen können aber deutlich längere Ladungsfristen nötig werden. Zur Vermeidung von rechtlichen Bedenken ist im Zweifel einer etwas längeren Frist der Vorzug zu geben.

Die Satzung hat schließlich zu bestimmen, **wann bzw. unter welchen Voraussetzungen Mitgliederversammlungen** zu berufen sind. Üblicherweise wird hier eine jährliche „ordentliche" Mitgliederversammlung und deren ungefähre zeitliche Lage (z. B. „in den ersten/letzten drei Monaten eines Kalenderjahrs") festgelegt. Weitere („außerordentliche") Mitgliederversammlungen sollen in der Satzung für den Fall vorgesehen werden, dass es die Vereinsinteressen erfordern und für den Fall des Einberufungsverlangens durch eine bestimmte Zahl der Mitglieder.

Nach den gesetzlichen Bestimmungen, die durch die Satzung jedoch grds. abgeändert werden können, ist eine Mitgliederversammlung insbesondere dann einzuberufen, wenn dies von mindestens 10 % der Mitglieder schriftlich unter Angabe des Zwecks und der Gründe verlangt wird. Eine Einschränkung dieses Minderheitenrechts durch die Festsetzung eines höheren Prozentsatzes sollte – wenn überhaupt – nur sehr vorsichtig vorgenommen werden. Unzulässig ist es jedenfalls, die Hälfte oder gar mehr Mitglieder zu erfordern. Viele Registergerichte setzen die Grenze der Zulässigkeit deutlich niedriger an, etwa bei 20 % der Mitglieder. Eine Erleichterung der Einberufung (nur 5 % nötig, o. Ä.) ist dagegen immer möglich. Die Festlegung absoluter (also nicht prozentualer) Mitgliedszahlen ist weitgehend untauglich, sie sollte schon wegen der Veränderungsmöglichkeiten im Vereinsbestand vermieden werden.

TIPP

In der Praxis passieren bei der Festlegung spezifischer, vom Gesetz abweichender sog. „Minderheitenquoren" sehr häufig Fehler, die die Eintragung des Vereins oder einer Satzungsänderung im Vereinsregister hindern. Wenn tatsächlich im Einzelfall von der gesetzlichen Bestimmung abgewichen werden soll, ist sehr sorgfältig vorzugehen. Zu hohe „Hürden" sind unzulässig und zu vermeiden. Häufig kann die Beibehaltung der gesetzlichen Bestimmung empfohlen werden.

gg) „Beurkundung der Vereinsbeschlüsse"

Das BGB ordnet keine ausdrückliche Verpflichtung zur Beurkundung (Protokollierung) gefasster Beschlüsse an. Auch die Beschluss**wirksamkeit** ist vom Vorliegen eines ordnungsgemäßen Protokolls **nicht** abhängig. Da das Protokoll aber ein praktisch letztlich unverzichtbares Beweis- und Informationsmittel zur Festlegung getroffener Beschlüsse darstellt, und auch Eintragungen in das Vereinsregister grundsätzlich nur unter Vorlage einer entsprechenden Niederschrift vorgenommen werden können, sollte stets eine schriftliche Niederlegung der Beschlüsse vorgesehen werden.

Über die **Art des Protokolls** kann die Satzung frei entscheiden. Üblich ist grundsätzlich ein „Ergebnis"- (nicht „Ablauf"-) Protokoll. Die Personen, die Protokolle zu unterschreiben haben, sollten klar benannt sein (z. B. „der 1. Vorsitzende").

b) Sinnvolle Ergänzungen – „Die Kür"

Der zwingende „Mindestinhalt der Satzung" ermöglicht zwar die Eintragung in das Vereinsregister, lässt aber zahlreiche Punkte des späteren Vereinslebens offen. Es empfiehlt sich daher, noch **weitere grundlegende Dinge in der Satzung zu regeln.**

Beispiele sind:

- Formalien der Mitgliederversammlungen, Wahlen und Beschlussfassungen (vgl. *aa), bb), cc) und dd)*,
- Ermöglichung „besonderer Vertreter" (vgl. *ee*),
- Regelungen zu Wählbarkeit und Amtsdauer von Vereinsämtern (vgl. *ff*),
- Abgrenzung der Zuständigkeiten der Vereinsorgane zueinander (siehe S. 12, 24 f.),
- Regelungen zur Vertretungsmacht des Vorstandes (siehe S. 22 f.),
- Schaffung weiterer Vereinsorgane (z. B. Beirat, Kuratorium und Delegiertenversammlung (siehe S. 24 f.)),
- ggf. Vererblichkeit und Übertragbarkeit der Mitgliedschaft (siehe S. 34 f.),
- Vereinsstrafen und Ausschlussbestimmungen (siehe S. 35 f.),
- Festlegung verschiedener Arten von Mitgliedschaften (siehe S. 36 f.),
- Sonderrechte für einzelne Mitglieder (siehe S. 37),
- Regelungen zur Auflösung des Vereins (siehe S. 38),
- Schiedsgerichte zur Entscheidung vereinsinterner Streitigkeiten,
- Festlegung der „Veröffentlichungsblätter" des Vereins (für gesetzlich vorgeschriebene Bekanntmachungen).

aa) Beschlussfähigkeit und Leitung der Mitgliederversammlung

Die Satzung sollte bestimmen, wer die Mitgliederversammlung leitet. Regelmäßig wird dies der (1.) Vorsitzende sein. Möglich ist es aber auch, die Wahl des **Versammlungsleiters** – in Übereinstimmung mit der gesetzlichen Auffangregelung – der Mitgliederversammlung zu überlassen.

Wenn die Satzung nichts anderes bestimmt, ist jede ordnungsgemäß einberufene Mitgliederversammlung **beschlussfähig,** sofern zumindest ein Mitglied erscheint. Die Satzung kann davon abweichend ein sogenanntes „Quorum", also die Anwesenheit eines bestimmten Prozentsatzes der Mitglieder (oder einer – nicht zu hohen (!) – absoluten Zahl von Mitgliedern) zur Beschlussfähigkeit verlangen. Zu „ehrgeizige" Vorgaben sollten freilich vermieden werden.

Wird ein solches Quorum angeordnet, ist es empfehlenswert, für den Fall der Beschluss**un**fähigkeit vorzusehen, dass eine **Wiederholungsversammlung** zu derselben Tagesordnung ohne oder schon bei einem geringeren Quorum beschlussfähig ist. Dabei sollte die Satzung ausdrücklich festlegen, ob die Einladung zu einer solchen zweiten Mitgliederversammlung gleichzeitig mit der Einladung zur ersten Versammlung erfolgen kann, oder ob sie gesondert – mit gesonderten Fristen – ergehen muss.

→ HINWEIS

> Bei der Einladung zu einer satzungsmäßig vorgesehenen „zweiten" Mitgliederversammlung muss die Einladung einen Hinweis darauf enthalten, dass für sie geringere Anforderungen für die Beschlussfähigkeit gelten.

Um die Satzung nicht mit Detailregelungen zu überfrachten, können Einzelfragen zu Leitung und Ablauf der Versammlung sowie zu Abstimmungen auf eine von der Mitgliederversammlung zu erlassende **„Wahlordnung"** o. Ä. ausgegliedert werden.

bb) Wahlen und Beschlüsse

Trifft die Satzung keine abweichenden Bestimmungen, gilt für **Wahlen und Beschlüsse:** Entscheidungen fallen mit der (absoluten) Mehrheit der erschienenen Mitglieder.

Für **Satzungsänderungen und die Auflösung des Vereins** muss nach dem BGB eine Mehrheit von ¾ der abgegebenen Stimmen vorliegen (siehe S. 30 f.) und für die

Änderung des Vereinszwecks ist die Zustimmung aller Mitglieder des Vereins erforderlich (siehe S. 30 f.).

Absolute Mehrheit bedeutet dabei eine Stimme mehr als die Hälfte der abgegebenen Stimmen. Das Erreichen „nur" der meisten Stimmen bei Verfehlen von „50 % plus 1 Stimme" ist eine sog. **„relative Mehrheit".** Sie genügt nur, wenn die Satzung dies so regelt.

Mitglieder, die sich der Stimme **enthalten,** gelten nach der gesetzlichen Regelung als **nicht erschienen.** Die Satzung kann aber bestimmen, dass Stimmenthaltungen bei der Zahl der abgegebenen Stimmen mitzählen und damit quasi als „Nein-Stimmen" gewertet werden.

Die Satzung kann für alle diese Fälle abweichende Bestimmungen treffen und dabei zwischen Wahlen und sonstigen Beschlüssen differenzieren (z. B. relative Stimmenmehrheit bei Wahlen, ggfs. erst im zweiten oder späteren Wahlgang). Möglich ist auch, durch die Satzung eine **„en bloc"-Wahl** aller oder bestimmter Vorstandsämter zu ermöglichen. Bei besonderen anderen Beschlüssen können auch weitere qualifizierte Mehrheiten, also ⅔- oder ¾-Mehrheiten oder gar Einstimmigkeit vorgesehen werden.

Eine sorgfältige und in sich widerspruchsfreie Satzungsbestimmung hilft auch, Unsicherheit über die Abstimmungsart (z. B. schriftlich, per Akklamation) zu vermeiden.

Schriftliche Beschlüsse („Umlaufbeschlüsse") sind nach der gesetzlichen Bestimmung bei Zustimmung aller Mitglieder zulässig, Mehrheitsbeschlüsse dagegen (nur) bei einer entsprechenden Satzungsbestimmung. In solchen Fällen sollte jedoch das Verfahren präzise geregelt werden.

cc) Stimmabgabe und Vertretung

Enthält die Satzung keine besonderen Bestimmungen, können Stimmen nur **persönlich** abgegeben werden. Die Satzung kann jedoch Stimmrechts**vollmacht** (ggfs. begrenzt) erlauben. Die Vertretung durch ein Nichtmitglied ist nur bei ausdrücklicher Gestattung in der Satzung zulässig.

Der Klarstellung dienen Satzungsbestimmungen zur Zahl der Personen, die durch ein Mitglied vertreten werden können, zur Form der Stimmrechtsvollmacht, zum Kreis der zulässigen Bevollmächtigten und zu der Frage, ob ein Vertreter mit allen von ihm vertretenen Stimmen einheitlich abstimmen muss (was bei geheimen Abstimmungen freilich kaum zu überprüfen ist) oder ob ihm eine „gespaltene" Stimmabgabe möglich ist.

dd) Virtuelle und hybride Mitgliederversammlungen

Als Konsequenz aus der Corona-Pandemie gestattet das Bürgerliche Gesetzbuch mittlerweile auch ohne gesonderte Satzungsbestimmung dem für die Einberufung einer Mitgliederversammlung zuständigen Organ (regelmäßig also dem Vorstand) nach seinem pflichtgemäßen Ermessen eine **hybride** Versammlung vorzusehen, bei der Mitglieder auch ohne Anwesenheit am Versammlungsort im Wege der elektronischen Kommunikation an der Versammlung (die aber auf jeden Fall in Präsenz stattzufinden hat) teilnehmen und Mitgliederrechte ausüben können.

Daneben kann die Mitgliederversammlung (!) mit einfacher Mehrheit beschließen, dass (einzelne, mehrere oder – bis zu einem anderslautenden Beschluss – alle) künftige(n) Versammlungen auch als **rein virtuelle** Versammlungen stattfinden können, bei der nur die elektronische Teilnahme möglich ist. Auf Grundlage eines derartigen Beschlusses entscheidet bei späteren Einladungen das Einberufungsorgan (das allerdings im Blick zu halten hat, dass es nicht zu unzumutbaren faktischen Beeinträchtigungen von Mitglieder(gruppe)n kommt).

Wird eine hybride oder (nach entsprechendem Mitgliederbeschluss) virtuelle Versammlung einberufen, so ist bei der Einladung auch anzugeben, auf welchem Wege die Mitglieder ihre Rechte ausüben können. Denkbar sind neben der Bild- und Tonübertragung („Videokonferenz") auch alle sonstigen geeigneten **Kommunikationsformen** wie etwa Telefonkonferenz, „(Internet-) Chat", E-Mail. Die Festlegung ist an der Vereinsstruktur zu messen und an sie anzupassen. Noch umstritten (und daher vorsorglich zur Vermeidung von Beschlussunwirksamkeiten sicherzustellen) ist, ob/dass stets die

Wahrnehmung aller Mitgliederrechte (Antrags-, Frage-, Rede-, Abstimmungsrechte) gewährleistet sein muss.

In der **Satzung** kann anderes bestimmt werden, so können z. B. (auch ohne gesonderten Beschluss der Mitglieder) grundsätzlich rein virtuelle Versammlungen zugelassen (oder vorgeschrieben) werden, stets hybride Versammlungen angeordnet oder umgekehrt alle elektronischen Formen ausgeschlossen werden. Bei Neugründungen ist dies unkritisch, bei entsprechenden Satzungsänderungen bereits bestehender Vereine darf es nicht zur Benachteiligung einzelner Mitglieder(gruppen) kommen. Die spätere Änderung derartiger Vorgaben bedarf dann eines satzungsändernden Beschlusses unter dessen besonderen Voraussetzungen (siehe dazu Seite 30).

(Noch) umstritten ist, wie detailliert Satzungsregelungen sein müssen, die elektronische Mitgliederversammlungen vorsehen: Zur Vermeidung von Unwirksamkeitsbedenken etwaiger derart gefasster Beschlüsse ist (jedenfalls derzeit) bei Aufnahme einer Satzungsregelung zu einer präzisen Regelung des konkret geplanten elektronischen Verfahrens zu raten. Die Beibehaltung der **gesetzlichen Regelung** wird noch der sicherste – und damit häufig empfehlenswerte – Weg sein.

ee) Besondere Vertreter

Die Satzung kann die Möglichkeit eröffnen, zur Entlastung des Vorstandes sog. „besondere Vertreter" zur Übernahme aller Rechtsgeschäfte in einem ihnen zugewiesenen Geschäftskreis zu bestellen. Sinnvoll, aber nicht zwingend, ist es, ihnen für die Rechtsgeschäfte, die der ihnen zugewiesene Geschäftskreis gewöhnlich mit sich bringt, die **Befugnis zur Vertretung des Vereins,** ähnlich der eines Vorstandes, einzuräumen.

Hierfür genügt es, in der Satzung die Geschäftskreise (möglichst) deutlich vorzusehen, für die die Bestellung möglich ist. Daneben sollte bestimmt sein, wer für die Bestellung zuständig ist.

ff) Wählbarkeit, Amtsdauer, Kumulation von Vorstandsämtern

Grundsätzlich kann „jedermann" Vorstand eines Vereins werden. Die Satzung kann bestimmte Eigenschaften als Voraussetzung für die Wahl zum Vorstand festlegen. So kann sie etwa bestimmen, dass – entgegen der gesetzlichen Regelung – nur Vereinsmitglieder Vorstand sein können, dass ein bestimmtes Alter, die Zugehörigkeit zu einer bestimmten Berufsgruppe, Vereinsabteilung oder Ähnliches nötig ist. Sie sollte aber auch festlegen, ob eine Person (gleichzeitig) mehrere Vorstandsämter innehaben kann. Enthält die Satzung keine abweichenden Regelungen, kann eine Person gleichzeitig mehrere Vorstandsämter innehaben.

 **TIPP**

Enthält die Satzung keine Sonderbestimmungen, können **beschränkt Geschäftsfähige** – mit Zustimmung ihres gesetzlichen Vertreters – auch Vorstand eines Vereins sein.

Üblich, aber rechtlich nicht zwingend, ist die Festsetzung einer bestimmten **Amtszeit** für Vorstände, ggfs. zusammen mit einer Regelung zur Begrenzung von Wiederwahlen.

 **TIPP**

Bei der Festlegung der Amtszeit von Vorstandsmitgliedern sollte darauf geachtet werden, dass das Amt entweder erst endet, wenn ein neuer Vorstand gewählt ist, oder dass die Vorstandsmitglieder trotz Ablaufs der Amtszeit im Amt bleiben, bis ein Nachfolger feststeht.

4. „Umwandlung" eines nicht eingetragenen Vereins in einen e. V.

Ein „e. V." kann auch dadurch entstehen, dass ein zunächst nicht eingetragener Verein durch Satzungsänderung die Absicht der Registereintragung später, zu einem beliebigen Zeitpunkt nach seiner Gründung, in die Satzung aufnimmt (ggf. die sonst zwingend notwendigen Anpassungen in der Satzung vornimmt) und in der Folge die Eintragung in das Vereinsregister betreibt. War er zunächst von weniger als sieben Personen gegründet, muss er zur Zeit der Eintragung auf die nötige Zahl von sieben Mitgliedern „gewachsen" sein.

Mit Eintragung in das Vereinsregister wandelt sich der nicht eingetragene Verein „ohne Rechtspersönlichkeit" zum rechtsfähigen eingetragenen Verein.

TIPP
Zahlreiche Informationen zu den datenschutzrechtlichen Anforderungen finden sich auf der Homepage des Bayerisches Landesamtes für Datenschutzaufsicht unter www.lda.bayern.de. Einen guten Überblick bietet etwa die „Checkliste" unter https://www.lda.bayern.de/media/veroeffentlichungen/muster_1_verein.pdf.

5. Datenschutz im Verein

Die mittlerweile seit einigen Jahren geltende, im Alltag (nahezu) allgegenwärtige Europäische Datenschutzgrundverordnung erfasst auch den Verein – ob im Vereinsregister eingetragen oder nicht. Er hat ihre Vorgaben zu beachten, wenn er personenbezogene Daten seiner Mitglieder und sonstiger Personen, also z. B. Name, Adresse, Geburtsdatum, Kontoverbindungen usw. verarbeitet oder speichert. Diese Daten sind vor unberechtigter Nutzung geschützt, für den Umgang mit ihnen muss entweder eine gesetzliche Grundlage oder die Einwilligung der Betroffenen vorliegen. Die Anforderungen im Einzelnen sind vielschichtig und hier nicht umfassend darstellbar. Sie hängen von verschiedenen Faktoren ab, etwa dem Umfang der erhobenen Daten, Art und Umfang der Datenverarbeitung (Mitglieder- und Beitragsverwaltung, Homepage, Vereinsveröffentlichungen, Lohnabrechnungen, usw.), der Zahl der ständig mit Datenverarbeitung beschäftigten Personen, ... Verantwortlich für die Wahrung der gesetzlichen Vorgaben ist jedoch stets der Vereinsvorstand.

Satzungsregelungen zum Datenschutz sind nicht zwingend, da die gesetzlichen Vorgaben ohnehin unmittelbar gelten. Bei hinreichender Konkretheit können sie aber die Grundlage für Datenerhebung und -verarbeitung liefern.

Hier sei – quasi „im Schnelldurchlauf" – nur ein kurzes Schlaglicht auf einige wesentliche Punkte geworfen: Der Verein muss zunächst überprüfen, ob seine Datenerhebung und -verarbeitung eine ausreichende Grundlage hat: Soweit durch den satzungsmäßigen Vereinszweck erforderlich, kann sie schon in der Vereinsmitgliedschaft liegen, darüber hinaus aber sind gesonderte Einwilligungen nötig. Weiter hat der Verein seine Verarbeitungstätigkeiten („was geschieht wozu und wie mit den Daten?") zu dokumentieren (sog. „Verzeichnisse von Verarbeitungstätigkeiten"), Betroffene zu informieren, falsche Daten zu berichtigen und Überflüssiges bzw. überflüssig Gewordenes zu löschen. Personen im Verein, die Datenzugriff haben, sind datenschutzrechtlich zu verpflichten, mit Vertragspartnern, denen Daten bekannt werden (können) (z. B. Web-Hosting-Anbieter usw.), Verträge zur Wahrung des Datenschutzes zu schließen (Stichwort „Auftragsverarbeitung") etwaige Datenschutzverletzungen sind zu melden.

Datenschutzbeauftragte benötigen (nur) Vereine, bei denen 20 oder mehr Personen regelmäßig mit personenbezogenen Daten umgehen. Bestellte Datenschutzbeauftragte sind (in Bayern) dem Bayerischen Landesamt für Datenschutzaufsicht über die Internet-Seite https://lda.dsb-meldung.de zu melden.

3 „Weiter geht's": Das Leben im Verein

1. Die Mitgliederversammlung

a) Funktion und Befugnisse

Die Mitgliederversammlung gibt den Mitgliedern die entscheidende Möglichkeit, auf die Geschicke des Vereins einzuwirken. Sie entscheidet durch Beschlussfassung, soweit Angelegenheiten nicht durch die Satzung dem Vorstand oder einem anderen Vereinsorgan zugewiesen sind. Solche Zuweisungen können (nur) durch Satzungsänderung wieder rückgängig gemacht werden.

Möglich ist, die Aufgaben der Mitgliederversammlung weitestgehend auf eine Delegiertenversammlung (siehe S. 25) zu übertragen. Dies kann bei besonders mitgliederstarken Vereinen sinnvoll sein.

b) Einladung

Sorgfalt bei Einladungen zur Mitgliederversammlung tut Not: Sind nicht alle Mitglieder ordnungsgemäß geladen, können Beschlüsse und Wahlen ungültig sein. Die in der Satzung getroffenen Ladungsbestimmungen sind daher genau zu beachten. Ist im Einzelfall unklar, ob eine Person (noch/schon) Mitglied ist, sollte im Zweifel eher „zu viel" geladen werden. Eine **„überflüssige" Einladung** bereitet in der Regel weniger rechtliche Schwierigkeiten als eine versäumte Einladung.

aa) Zuständigkeit zur Einberufung

Die **Zuständigkeit** zur Einberufung der Mitgliederversammlung ist in der Satzung geregelt. Regelmäßig ist das Sache des Vorstandes. Zuständig für die Einladung sind also die durch die Satzung bestimmten und jeweils im Amt befindlichen (sonst die nach der allgemeinen Vertretungsregelung zur Vertretung befugten) Vorstandsmitglieder.

Die rein tatsächliche Erledigung von Versand, Aushang, Bekanntmachung usw. kann dabei natürlich anderen (Hilfs-)Personen übertragen werden.
Ausnahmsweise kann das zuständige Amtsgericht (auf Antrag) andere Personen zur Einberufung ermächtigen, wenn sich das zuständige Vereinsorgan weigert, der entsprechenden (zulässigen) Forderung einer durch Satzung oder Gesetz dazu berufenen Zahl von Vereinsmitgliedern nachzukommen. Ein Vorschlag für einen solchen Antrag auf Ermächtigung zur Einberufung einer Mitgliederversammlung, wenn eine Minderheit mit ihrem Antrag zu Unrecht erfolglos geblieben ist, findet sich in Muster 9.

→ **HINWEIS**

Die Ladung durch unzuständige Personen führt regelmäßig zur Unwirksamkeit gefasster Beschlüsse!

bb) Form, Frist und Inhalt der Einladung

Form und Frist der Einberufung sollen sicherstellen, dass allen Mitgliedern die wahrnehmbare Chance zur Teilnahme eröffnet wird. Maßgeblich sind in erster Linie die Bestimmungen der Satzung (siehe S. 12 f.). Enthält sie keine Regelungen, wird die Einladung regelmäßig brieflich mit angemessener Frist und unter Mitteilung der Tagesordnung erfolgen müssen.

Der (Übersendung der) **Tagesordnung** kommt entscheidende Bedeutung zu:

- Sie muss so detailliert sein, dass die Mitglieder den Inhalt der beabsichtigten Beschlüsse erkennen und darauf gestützt über ihre Teilnahme entscheiden können. Bloße schlagwortartige Bezeichnungen werden regelmäßig nicht genügen.
- Die Tagesordnung legt die Grenzen der Beschlusskompetenz der Versammlung fest. Punkte, zu denen nicht geladen wurde, können, soweit sie der

Einladung bedürfen, grundsätzlich nicht kurzfristig Gegenstand der Beschlussfassung werden.

→ **HINWEIS**

Gesondert anzukündigen sind in jedem Fall: Satzungsänderungen, Neu- und Abwahlen, Vereinsstrafen, Vereinsausschlüsse und ähnliche grundlegende Fragen (siehe S. 30 ff.).

TIPP

Die endgültige Festsetzung der Tagesordnung ist Sache der Mitgliederversammlung (die darüber auf Vorschlag des Versammlungsleiters Beschluss fassen sollte). Sie ist nicht gezwungen, die Tagesordnung abzuarbeiten, sie kann auch einzelne Punkte absetzen oder deren Reihenfolge ändern.

Den Vorschlag eines Einladungstextes enthält **Muster 4.**

cc) Festlegung von Ort und Zeit und ggf. Art (Präsenz/virtuell/hybrid) der Versammlung

In der Einladung sind Ort (wenn nicht rein virtuell) und Zeit des Beginns der Versammlung und (wenn nicht aus der Einladung ohnehin klar ersichtlich oder durch die Satzung festgelegt) die Art der Versammlung anzugeben. Legt die Mitgliederversammlung nicht selbst fest, wann und wo die nächste Zusammenkunft stattfinden soll, obliegt diese Bestimmung (für die Art der Versammlung unter Beachtung der rechtlichen Vorgaben wie vorstehend auf Seite 15 dargestellt) dem Einberufungsorgan. Diese Bestimmung darf aber einzelne Mitglieder nicht benachteiligen und die Teilnahme nicht erschweren. Etwa weit entfernte Orte bei regional strukturierten Vereinen oder Versammlungen während der üblichen Arbeitszeiten bei „Freizeit-Vereinen“ sind daher regelmäßig unzulässig. Bei virtuellen oder hybriden Versammlungen sind auch das konkrete Verfahren bzw. der elektronische „Zugangsweg“ anzugeben.

c) Leitung der Mitgliederversammlung

Für die Leitung der Mitgliederversammlung hält das Gesetz keine ausdrücklichen Bestimmungen bereit. Hier sollten die Satzung und ggfs. eine Geschäftsordnung ergänzende Festlegungen treffen (siehe S. 14).

Können die zur Leitung berufenen Personen an der Mitgliederversammlung nicht teilnehmen oder deren Leitung nicht übernehmen, bestimmt die Mitgliederversammlung die Versammlungsleitung selbst. Das Vorhandensein eines Versammlungsleiters ist (jedenfalls nach der gesetzlichen Auffangregelung) nicht Voraussetzung für die Wirksamkeit von Beschlüssen der Mitgliederversammlung.

Die Aufgabe der Versammlungsleitung ist es zunächst, für die Abhandlung der von der Versammlung festgesetzten Tagesordnung in angemessener Zeit zu sorgen. Dazu hat sie die einzelnen Tagesordnungspunkte zur Aussprache und Beschlussfassung aufzurufen und die Wortmeldungen aufzunehmen, diese ggfs. (u. U. abweichend von der chronologischen Reihenfolge) zu gruppieren, wenn dies wegen der Behandlung verschiedener Themen sinnvoll ist, und dafür zu sorgen, dass alle Mitglieder ihren Beitrag in angemessener Weise leisten können.

Vorsicht ist geboten, wenn durch Ordnungsmaßnahmen Rechte einzelner Mitglieder eingeschränkt werden sollen, insbesondere **Wortmeldungen unbeachtet** bleiben, ein Beitrag zeitlich beschränkt oder das Wort entzogen wird:

- Ein Ausschluss einzelner Mitglieder von der Diskussion kann stets nur im Einzelfall bei gravierenden Störungen in Betracht kommen.
- Zur Wahrung der Verhältnismäßigkeit sollte vor einer Ordnungsmaßnahme mehr als ein Mal zur Ordnung gerufen und die Ordnungsmaßnahme angekündigt werden.
- Redezeitbegrenzungen sollten generell, am besten in der Geschäftsordnung, ansonsten von der Versammlung selbst festgelegt werden.

TIPP

Die Verletzung der Mitgliedschaftsrechte einzelner Mitglieder durch unzulässige Eingriffe in die Diskussion kann die Unwirksamkeit gefasster Beschlüsse zur Folge haben. Angemessenheit und Verhältnismäßigkeit der Maßnahmen sind zu wahren!

Der Versammlungsleiter hat dafür zu sorgen, dass grundsätzlich alle gestellten Anträge zur Abstimmung gelangen. Dies gilt für Anträge zur Geschäftsordnung genauso wie für Sachanträge. Deren zeitliche Abhandlung ist – soweit sie nicht willkürlich erfolgt – seine Aufgabe. Geschäftsordnungsanträge werden dabei regelmäßig vorrangig sein. Innerhalb der Sachanträge ist die Reihenfolge oft zweifelhaft; häufig wird es richtig sein, zunächst den allgemeinsten Antrag, der ggfs. speziellere Anträge hinfällig macht, zur Abstimmung zu stellen.

 **TIPP**

Anträge, die die Tagesordnung verlassen, müssen/dürfen aber nur zur Abstimmung gestellt werden, wenn die Satzung dies vorsieht und die entsprechenden Vorgaben der Satzung gewahrt sind (siehe dazu S. 13).

d) Abstimmungen

Die Art der Abstimmung bestimmt die Satzung oder die hierauf basierende Vereinsordnung. Sind keine Festlegungen getroffen, obliegt die Bestimmung der Versammlung, im Einzelfall kann sie auch dem Versammlungsleiter überlassen werden. Dabei sind grundsätzlich alle möglichen Verfahren denkbar.

 **TIPP**

Es mag einer (demokratischen) Tradition entsprechen, bei entsprechendem Antrag nur eines Mitgliedes oder einer bestimmten Zahl von Mitgliedern eine schriftliche oder geheime Abstimmung durchzuführen. Eine Verpflichtung dazu gibt es aber nur dann, wenn sie die Satzung ausdrücklich bestimmt.

Die Feststellung des Abstimmungsergebnisses ist Aufgabe der Versammlungsleitung. Sie hat auch darauf zu achten, dass die durch Gesetz oder Satzung festgelegten Mehrheiten (siehe S. 14 f.) gewahrt werden.

e) Das Stimmrecht

Grundsätzlich steht jedem Mitglied eine Stimme zu. Ein Mehrstimmrecht einzelner Mitglieder kann nur mittels entsprechender Satzungsbestimmung in Einzelfällen festgelegt werden.

Gibt es mehrere Arten von Mitgliedern (z. B. ordentliche Mitglieder, Ehrenmitglieder, Fördermitglieder etc.), sollte die Satzung eine klarstellende Regelung zum Stimmrecht enthalten. Schweigt die Satzung, wird in der Regel davon auszugehen sein, dass nur den ordentlichen Mitgliedern eine Stimme zukommt.

f) „Beurkundung" der Beschlüsse

Grundsätzlich bestimmt die Satzung Form und Inhalt der **Protokollierung.** Darauf basierend kann eine Geschäftsordnung (siehe S. 17) weitere Details regeln.

Nur in Einzelfällen (vor allem bei Umwandlungsvorgängen wie Verschmelzungen o. Ä.) zwingt das Gesetz zu notarieller Beurkundung.

Für den regelmäßig nötigen Inhalt eines Protokolls lässt sich folgende **Checkliste** aufstellen:

- Vereinsname,
- Ort, Tag (und Uhrzeit) der Versammlung sowie ggfs. die Bezeichnung als (außer-)ordentliche Versammlung (soweit die Satzung entsprechende Unterscheidungen trifft),
- Versammlungsleiter und Protokollführer,
- die Zahl der erschienenen Mitglieder,
- Feststellungen über ordnungsgemäße Einberufung, Beschlussfähigkeit, Feststellung der Tagesordnung (mit Hinweis auf deren Mitteilung bei Einladung bzw. auf vorgenommene Änderungen) und Eröffnung der Versammlung,
- zur Abstimmung gestellte Anträge, Art der Abstimmung und Abstimmungsergebnis (bei Wahlen: einschließlich der Erklärung der Gewählten über die Annahme der Wahl und deren Personalien (Vor- und Zuname, Geburtsdatum, Wohnort)),
- Ende der Versammlung.

Bei der Angabe des Wahlergebnisses sind „Pauschalierungen", wie z. B. „mit großer Mehrheit" o. Ä. zu vermeiden, vielmehr ist eine präzise – regelmäßig ziffernmäßige – Benennung nötig. „Einstimmigkeit" ist nicht nur für den Verein schön, sondern auch als Angabe zulässig. Erfolgt eine Satzungsneufassung, ist die Satzung ihrem ganzen Inhalt nach (wörtlich) zu beschließen und im Protokoll anzugeben, wobei eine Verweisung (etwa dahingehend, dass „die Satzung gemäß der in der Anlage beigefügten Fassung" beschlossen wurde) zulässig ist.

Von entscheidender Bedeutung für die Verbindlichkeit des Protokolls ist dessen **Unterzeichnung.** Mit Unterschrift wird es vom Entwurf zur verbindlichen „Beurkundung". Zu unterzeichnen haben die nach der Satzung dazu berufenen Personen. Regelmäßig werden dies der **Versammlungsleiter und der Protokollführer** sein. Maßgeblich sind jedoch insoweit die Bestimmungen der Satzung.

Änderungen und Ergänzungen des Protokolls sind nach der Unterzeichnung zwar nicht ausgeschlossen, bedürfen jedoch in jedem Fall der Zustimmung der Unterzeichner.

Ein Vorschlag für ein Versammlungsprotokoll befindet sich in **Muster 5.**

g) Mangelhafte Beschlüsse

Kommt ein Beschluss unter Verstoß gegen Vorschriften des Gesetzes oder der Satzung zustande, führt dies regelmäßig zu seiner **Unwirksamkeit:** Die Beschlussfassung muss wiederholt werden.

Ausnahmen können sich ergeben (der Beschluss ist also wirksam), wenn:

- ausgeschlossen werden kann, dass der Beschluss auf dem Mangel beruht. Dies ist etwa bei Ladungsfehlern dann anzunehmen, wenn alle Mitglieder auf die Einhaltung der Förmlichkeiten für die Einberufung (ggf. stillschweigend) verzichtet haben.
- die Satzung Regelungen zur (Nicht-)Erheblichkeit von Mängeln oder das Erfordernis einer Anfechtungsklage innerhalb einer bestimmten Frist enthält. Deren Bedeutung ist allerdings sehr umstritten: Sie können jedenfalls nicht immer helfen.

TIPP

Wird über die Wirksamkeit eines Beschlusses gestritten, kann jedes Vereinsmitglied Feststellungsklage gegen den Verein erheben. Sieht die Satzung ein Schieds- oder Schlichtungsverfahren vor, so muss dieses regelmäßig vor Erhebung der Klage durchlaufen werden.

2. Der Vorstand

Der Vorstand ist neben der Mitgliederversammlung das zweite gesetzlich zwingend vorgeschriebene Organ eines Vereins. Er trifft seine Entscheidungen regelmäßig durch Beschlussfassung in Vorstandssitzungen, für die, wenn die Satzung nichts anders regelt, die Vorschriften des BGB für die Mitgliederversammlung entsprechend gelten. Damit besteht also – wie bei der Mitgliederversammlung dargestellt – grundsätzlich schon von Gesetzes wegen auch die Möglichkeiten zu virtuellen und hybriden Vorstandssitzungen. Nach den gesetzlichen Bestimmungen leitet der Vorstand **nach innen die Geschäfte des Vereins** und **vertritt ihn im Rechtsverkehr gegenüber einzelnen Mitgliedern und „vereinsfremden" Dritten:** Er ist **Geschäftsführungs- und Vertretungsorgan.** Diese doppelte Aufgabe – im „Innenverhältnis" des Vereins und im „Außenverhältnis" gegenüber Außenstehenden – soll die untenstehende Grafik veranschaulichen:

a) Geschäftsführung

Erste Aufgabe des Vorstandes ist die Führung der Geschäfte des Vereins, soweit sie nicht durch Satzung einem anderen Vereinsorgan (also z. B. der Mitgliederversammlung) zugewiesen ist. **Der Vorstand bestimmt** (nach den Vorgaben der Satzung und den Beschlüssen der Mitgliederversammlung) insbesondere **das Vorgehen zur Verwirklichung des Vereinszwecks,** also die einzelnen Vorhaben, Veranstaltungen und Feste des Vereins, die „strategische Ausrichtung" eines Vereins und die Verwaltung des Vereinsvermögens einschließlich der Buchführung, er gestaltet die Mitgliederverwaltung und -gewinnung und ist zuständig für die Vorbereitung und Abhaltung von Mitgliederversammlungen. Dies ist der in der nachstehenden Grafik links dargestellte „vereinsinterne“ Bereich.

> ⚠ **WICHTIG**
> **Wichtig für das Steuerrecht:** Der Vereinsvorstand ist insbesondere auch für die Einhaltung der steuerlichen Verpflichtungen des Vereins verantwortlich.

Das **Verhältnis zwischen Vorstand und Verein** ist dem zwischen Auftragnehmer und Auftraggeber nachempfunden. Daraus ergeben sich die Weisungsgebundenheit des Vorstandes, seine Auskunfts- und Rechenschaftspflicht und die Pflicht zur Herausgabe der in Ausübung des Vorstandsamtes erlangten Gegenstände, ebenso wie der Anspruch auf Ersatz angemessener Aufwendungen.

> ⚠ **WICHTIG**
> **Wichtig für das Steuerrecht:** Aufwendungsersatz ist nicht „Vergütung“. Eine Vergütung, auch die steuerfreie „Ehrenamtspauschale“, darf bei Vorstandsmitgliedern nur aufgrund satzungsrechtlicher Grundlage gezahlt werden (siehe S. 44). Die Auszahlung von Tätigkeitsvergütungen steht damit der Gemeinnützigkeit zwar nicht grundsätzlich entgegen, Verstöße gegen die dargestellten Vorgaben gefährden aber die Anerkennung der Gemeinnützigkeit!

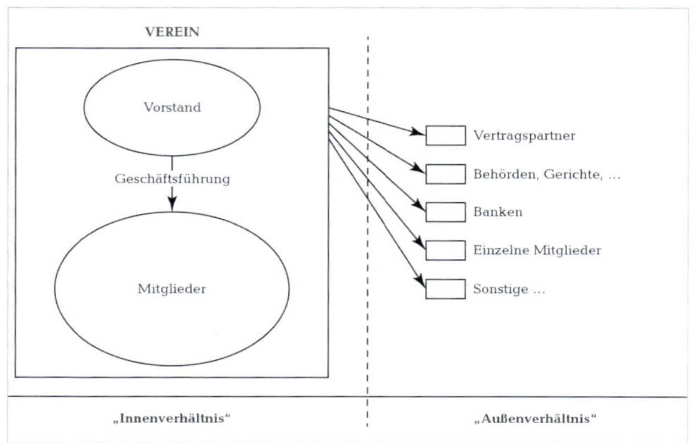

b) Vertretung

Die gerichtliche und außergerichtliche Vertretung des Vereins **nach außen (gegenüber Dritten)** und **nach innen (gegenüber Mitgliedern)** ist der zweite wesentliche Bereich der Vorstandstätigkeit. Der Vorstand ist grundsätzlich in allen Bereichen die „Stimme“ des Vereins. Die Vertretung nach außen ist der in der Grafik rechts dargestellte Bereich, bei dem der Verein mit Anderen in Kontakt tritt.

aa) „Aktivvertretung“: Abgabe von Erklärungen

Enthält die Satzung keine Bestimmung, gilt nach den gesetzlichen Regelungen für die Vertretung des Vereins grundsätzlich das sog. „Mehrheitsprinzip“, es müssen also mehr als die Hälfte aller Vorstandsmitglieder mitwirken. Das ist unpraktikabel.

Besteht der Vorstand aus mehr als einer Person, sollte die Satzung daher klar bestimmen, ob Vorstandsmitglieder einzeln vertreten können oder ob das Zusammenwirken mehrerer oder gar aller zur Vertretung des Vereins nötig ist. Dabei kann die Satzung auch nur bestimmten Amtsträgern (also z. B. dem 1. und 2. Vorsitzenden) Einzelvertretungsbefugnis zubilligen, sie anderen jedoch vorenthalten oder das Handeln von zwei (oder mehr) Vertretern fordern, unter denen sich bestimmte Vorstandsmitglieder (z. B. 1. Vorsitzender und/oder Schatzmeister) befinden müssen.

Typische Vertretungsregelungen sind etwa:

- „Jedes Vorstandsmitglied vertritt einzeln.“
- „Der Verein wird durch zwei Vorstandsmitglieder gemeinschaftlich vertreten.“
- „Der 1. Vorsitzende vertritt den Verein einzeln, im Übrigen wird der Verein durch zwei Vorstandsmitglieder gemeinschaftlich vertreten.“
- „Der Verein wird durch zwei Vorstandsmitglieder gemeinschaftlich, darunter 1. oder 2. Vorsitzender, vertreten.“

Unterscheidungen nach bestimmten Geschäftsarten oder gegenüber bestimmten Geschäftspartnern sind häufig unklar und daher allenfalls mit Vorsicht zu verwenden. Satzungsbestimmungen, die an die Verhinderung bestimmter Amtsträger anknüpfen (z. B. „der 2. Vorsitzende ist nur bei „Verhinderung“ des 1. Vorsitzenden zur Vertretung befugt“), sind für außenstehende

Dritte nicht aus dem Register heraus zu klären und daher unzulässig und nicht eintragungsfähig.

 **TIPP**
Die in das Vereinsregister einzutragende Vertretungsregelung muss klar und eindeutig sein und in jedem Fall erkennen lassen, wessen Handeln zur wirksamen Vertretung des Vereins nötig ist. Auch der dargestellten Abgrenzung zwischen dem Vorstand und anderen Vereinsgremien (vgl. S. 12) kommt besondere Bedeutung zu.

bb) „Passivvertretung": Entgegennahme von Erklärungen
Werden Erklärungen gegenüber dem Verein abgegeben, so genügt in jedem Fall die Abgabe gegenüber einem Vorstandsmitglied. Diese Bestimmung ist auch durch die Satzung nicht abänderbar. Sie gilt also z. B. auch, wenn zur Abgabe von Erklärungen des Vereins das Zusammenwirken mehrerer Vorstandsmitglieder nötig ist.

Gleiches gilt für die Kenntnis bestimmter Tatsachen: Die Kenntnis eines Vorstandsmitgliedes ist stets die „Kenntnis des Vereins". Unerheblich ist, wie die Kenntnis erlangt wird, ob der Vorgang in die Zuständigkeit des betroffenen Vorstandsmitgliedes fällt oder ob das Vorstandsmitglied nach Kenntniserlangung aus dem Verein oder dem Vorstand ausscheidet.

cc) Beschränkungen der Vertretungsmacht
Die Vertretungsmacht des Vorstandes ist **grundsätzlich unbeschränkt.** Zwar darf er sich natürlich nicht über Beschlüsse der Mitgliederversammlung oder Vorgaben des Vereinsrechts hinwegsetzen, dem Grunde nach kann er aber frei agieren. Diese „Freiheit" kann durch die Satzung eingeschränkt werden. In der Satzung vorgesehene Beschränkungen wirken bei Eintragung im Register auch nach außen, schränken also das Handeln gegenüber Dritten ein.

So können bestimmte Geschäfte untersagt, von der Zustimmung weiterer Gremien abhängig gemacht oder anderen Organen zugewiesen werden (vgl. dazu S. 24 f.).

Möglich ist auch die Anordnung bestimmter betragsmäßig festgelegter Grenzen.

Derartige Vertretungsbegrenzungen sind aber häufig etwas „sperrig". Sie erschweren das Handeln des Vereins nach außen, da die nötigen Zustimmungen u. Ä. entweder nicht erlangbar oder nicht nachweisbar sind. Insbesondere bei Geschäften, die in öffentliche Register eingetragen werden müssen (Grundstücksgeschäfte!), sind die Nachweise ggfs. in notarieller Form zu erbringen.

Eine Alternative kann daher in vielen Fällen die **Anordnung von Vertretungsbeschränkungen „im Innenverhältnis"** darstellen, die den Vorstand zwar im Verhältnis zum Verein binden, nach „außen" aber keine Eingrenzung des Vertretungshandelns durch den Vorstand bewirken. Setzt sich der Vorstand über derartige Grenzen hinweg, sind die abgeschlossenen Geschäfte also wirksam, der Vorstand muss sich jedoch den zivil-, in Extremfällen gar strafrechtlichen Konsequenzen stellen.

 **TIPP**
Die Satzung hat in jedem Fall klarzustellen, ob Begrenzungen der Vertretungsmacht des Vorstandes gegenüber Dritten wirken und im Vereinsregister eingetragen werden oder „nur" vereinsinterne Schranken darstellen sollen. Klar ist stets: Die Bindung des Vorstandes bleibt die gleiche, Unterschiede zeigen sich nur bei den Folgen von Verstößen!

c) Bestellung

aa) Gewählte Vorstände
Die typische Art der „Bestimmung" des Vorstandes ist dessen Wahl (siehe S. 32 ff.). Regelmäßig wird die Mitgliederversammlung zuständig sein, möglich ist aber auch die Wahl durch andere Vereinsgremien, z. B. durch Delegiertenversammlung, Beirat oder Aufsichtsrat. Nötige Mehrheiten bestimmen Gesetz oder Satzung (siehe S. 14 f.).

bb) Sonderformen der Vorstandsbestellung
Die Wahl ist nicht die einzig zulässige Form der Vorstandsbestimmung. Auch andere Wege der Vorstandsbestätigung sind denkbar:

- Zahlreiche Vereine sehen etwa vor, dass bestimmte Personen einem Vereinsvorstand allein **aufgrund einer Funktion außerhalb des Vereins** angehören. Solche **„Funktionsträger"** können etwa Schul- oder Kindergartenleiter bei entsprechenden Fördervereinen oder die zuständigen Pfarrer o. Ä. bei einer Kirche nahestehenden Vereinen, etwa Diakonievereinen oder Orgelbauvereinen, sein. Alleine maßgeblich ist dann die Inhaberschaft eines bestimmten kirchlichen oder öffentlichen Amtes. Da die „normale" Abwahl eines solchen Vorstandes durch den Funktionsbezug ausscheidet, muss die „Absetzung" durch Satzungsänderung stets möglich bleiben, um nicht ein faktisch unabsetzbares Vorstandsmitglied zu erhalten.
- Möglich ist auch, bestimmten Mitgliedern durch die Satzung das Recht zur Vorstandsbenennung zu garantieren, einer außenstehenden Organisation oder Person (etwa einem **„Dachverband"**) das satzungsmäßige Recht zur Bestellung des Vorstandes bzw. der Entsendung eines Vorstandsmitglieds einzuräumen, oder gar zu bestimmen, dass der Vorstand mit dem eines anderen Vereins identisch ist.
- Denkbar ist auch die Möglichkeit der **„Kooptation"** oder „Zuwahl" von Vorstandsmitgliedern, also die Erweiterung des Vorstandes durch die bereits bestehenden Vorstandsmitglieder selbst. Voraussetzungen und Grenzen muss die Satzung festlegen. In der Praxis ist dieser Weg häufig bei (vorübergehender) Nachbesetzung unplanmäßig freigewordener Vorstandsämter (Rücktritt, Tod, ...) anzutreffen.

d) Besondere Vertreter, Vollmachten, „Geschäftsführer" u. a.

Nicht zum Vorstand gehören die sog. **„besonderen Vertreter"**, die nach der Satzung für bestimmte Aufgabenbereiche vorgesehen werden können (siehe S. 16). Ihnen kann aber die Befugnis zur Teilnahme an Vorstandssitzungen eingeräumt werden.

Der Verein kann zu seiner Entlastung **Vollmachten** erteilen. Vollmachtgeber ist dabei nicht der Vorstand (oder ein einzelnes Vorstandsmitglied), sondern der Verein selbst (vertreten durch den Vorstand). Die Vollmacht endet damit (wenn nicht ausnahmsweise anders bestimmt) nicht mit (Personen-) Wechseln im Vorstand. Um nicht außenstehenden Dritten vorstandsähnliche Befugnisse einzuräumen, sind jedoch nur widerrufliche Vollmachten für Einzelgeschäfte unproblematisch, Generalvollmachten und unwiderrufliche Einzelvollmachten sind grundsätzlich unzulässig. Der **Bevollmächtigte** wird freilich nicht Mitglied des Vorstandes, auch wenn er den Verein im Rahmen seiner Vollmachten wirksam vertreten kann. Denkbar ist aber auch, dass Vorstandsmitglieder (in vertretungsberechtigter Zahl) einzelne von ihnen zur Einzelvertretung ermächtigen. Eine solche **Ermächtigung** darf aber nicht die in der Satzung vorgesehene Gesamtvertretung unterlaufen, darf also auch nur widerruflich und im Einzelfall erfolgen.

Der Begriff des **„Geschäftsführers"** ist im Vereinsrecht nicht gesetzlich definiert. Durch die Satzung des Vereins kann ein Vorstandsmitglied mit der Bezeichnung „Geschäftsführer", „geschäftsführendes Vorstandsmitglied" o. Ä. bestellt (und – wenn gewünscht – mit Einzelvertretungsmacht oder sonstigen besonderen Befugnissen ausgestattet) werden. Möglich ist auch, einen Bevollmächtigten als „Geschäftsführer" einzusetzen oder etwa einem besonderen Vertreter für seinen Bereich diesen „Titel" zuzuweisen. Zwingend ist dies aber nicht.

 **TIPP**
Kein Verein muss einen „Geschäftsführer" bestellen. Möchte er eine solche Position schaffen, muss er selbst deren Funktion und Befugnisse klären.

3. Sonstige Organe des Vereins

a) Grundsätzliches

Neben den Organen Mitgliederversammlung und Vorstand, die jeder Verein haben muss, kann die Satzung weitere Vereinsorgane bilden. In Betracht kommen etwa **Beirat, Aufsichtsrat, Kuratorium, erweiterter oder**

geschäftsführender Vorstand o. Ä. Schon die Bezeichnung eines solchen Gremiums sollte es aber deutlich von Vorstand und Mitgliederversammlung abgrenzen (siehe S. 12).

Da das BGB derartige Gremien nicht kennt, hat die Satzung alle damit zusammenhängenden Rechtsfragen selbst zu klären. Sie sollte sich daher nicht nur zu deren Aufgaben, sondern auch zu Zusammensetzung, Bestellung, Amtsdauer, Funktionsweise und Beschlussfassung äußern. In der Ausgestaltung ist der Verein weitgehend frei. Solchen Organen dürfen aber keine Aufgaben zugewiesen werden, die zwingend der Mitgliederversammlung oder dem Vorstand obliegen. So muss etwa dem Vorstand grundsätzlich das Recht zur Vertretung nach außen bleiben, auch wenn er im Innenverhältnis in bestimmten Fällen an die vorherige Zustimmung eines solchen Gremiums gebunden werden kann.

→ **HINWEIS**

Ein Grundprinzip des deutschen Rechts ist, dass sich niemand selbst kontrollieren kann. Einem zur Überwachung des Vorstandes eingesetzten Gremium (Aufsichtsrat o. Ä.) kann daher kein Vorstandsmitglied angehören.

b) Delegiertenversammlung

Das BGB gestattet es einem Verein, in seiner Satzung festzulegen, dass die Rechte der Mitglieder (nahezu) ausschließlich durch Vertreter („Delegierte") ausgeübt werden. Die **Vertreter- bzw. Delegiertenversammlung** tritt dann in ihrem Zuständigkeitsbereich an die Stelle der Mitgliederversammlung. Die Zuständigkeit der Mitgliederversammlung kann auf die Wahl der Delegierten und die Entscheidung über die Vereinsauflösung reduziert werden.

Entsprechende Bestimmungen können bereits anfänglich in die Vereinssatzung aufgenommen werden, wenn der Verein auf eine große Zahl von Mitgliedern gerichtet ist. Sie kommen insbesondere auch bei Vereinen mit regionalen Untergliederungen, bei Verbänden mit selbständigen Mitgliedsvereinen u. Ä. in Betracht. Sie können aber auch durch nachträgliche Satzungsänderung nach den hierfür geltenden allgemeinen Regeln (siehe S. 30 ff.) eingeführt werden.

Sieht die Satzung die Einrichtung einer Delegiertenversammlung vor, muss sie auch regeln, wie die Vertreter gewählt werden, ob bestimmte Voraussetzungen an die Wählbarkeit der Delegierten gestellt werden, welche Amtsdauer sie haben und ob Wiederwahlen möglich sind. Im Zweifel sind die Bestimmungen über die Mitgliederversammlungen für die Delegiertenversammlungen entsprechend anwendbar.

Wegen der möglicherweise großen Zahl der zu wählenden Delegierten kann es sich empfehlen, das Wahlverfahren anders als bei den Vorstandsmitgliedern zu regeln. So kann die Wahl in einem Wahlgang mit oder ohne Zulassung von Stimmenhäufung vorgesehen werden. Auch die Wahl als „Listenwahl", also ähnlich der Wahlen zum Stadt- oder Gemeinderat (verhältnismäßige Aufteilung der Vertreter auf die verschiedenen Listen), kann durch die Satzung zugelassen werden.

4. Haftung und Haftungsbegrenzung

a) Die Haftung des Vereins und seiner Vertreter

Handelt ein Vereinsvertreter namens des Vereins, schließt also z. B. der Vorstand für den Verein einen Vertrag, wird grundsätzlich zunächst alleine der Verein rechtlich gebunden, also z. B. aus dem geschlossenen Vertrag berechtigt und verpflichtet. Kommt aber ein Vereinsmitglied oder ein Außenstehender durch ein Handeln des Vereins bzw. seiner Vertreter zu Schaden, können beide, wie andere „Personen" auch, zum Ersatz verpflichtet sein. Zu klären ist, wofür der Verein oder sein Vertreter haftet und wer den Schaden letztlich trägt. Diese Fragen sollen die folgenden Grafiken veranschaulichen. Solche Haftungsfragen können sich ergeben

- **innerhalb vertraglicher Beziehungen,** also bei Vertragsverstößen des Vereins („vertraglicher Bereich"), z. B.
  Der Kassier zahlt den neu bestellten Wanderpokal nicht rechtzeitig, der Lieferant hat einen Zinsschaden.
  Der Verein verkauft schadhafte Jubiläumsgläser. Die Käufer fordern Ersatz.

Der Vorsitzende gibt den für die Mitgliederversammlung gemieteten Beamer beschädigt zurück, der Vermieter fordert Reparaturkosten und Mietausfall.
Der Verein bringt die Teilnehmer einer Ausfahrt nicht zum vereinbarten Treffpunkt zurück, diesen entstehen Taxikosten.
Der Verein erstellt steuerlich untaugliche Spendenquittungen, die Spender erleiden einen Steuerschaden.
Der Verein schreibt seinem ausgeschiedenen Arbeitnehmer ein falsches Arbeitszeugnis.

- **außerhalb des Vertragsbereiches,** wenn „unbeteiligte Dritte" zu Schaden kommen („unerlaubte Handlung"), z. B.
  Der Vorstand führt die Teilnehmer einer Vereinswanderung über ein frisch angepflanztes Feld, es entsteht nicht unwesentlicher Flurschaden.
  Der (alkoholisierte) Jugendwart fährt mit dem Vereinsbus einen anderen PKW an.
  Der Kassier bucht einen Betrag von dem Konto eines Dritten ab.
  An einer vom zuständigen Rennvorstand nicht gut gesicherten Rennstrecke kommt ein unbeteiligter Passant zu Schaden.

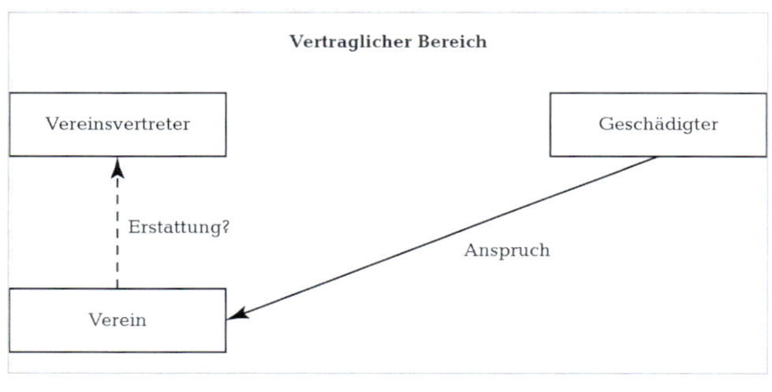

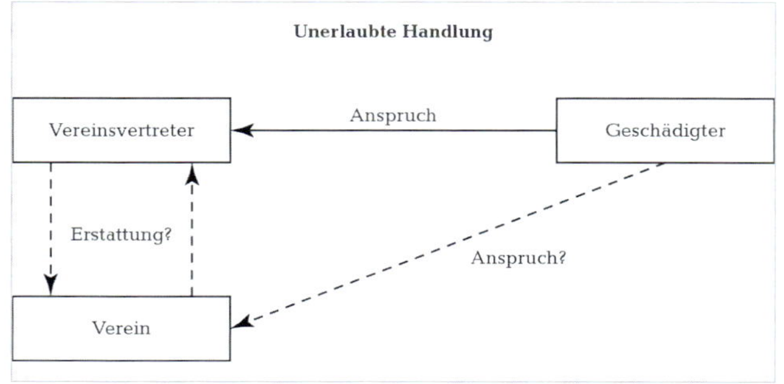

aa) Die Haftung des Vereins für seine Vertreter

„Handeln des Vorstandes ist Handeln des Vereins." Dieser Grundsatz, der für die Vertretung des Vereins durch seinen Vorstand gilt, zeigt sich auch bei der Haftung. Der **Verein haftet für alle Handlungen des Vereinsvorstandes** (= Vertreters), **die zu einem Schaden führen.** Voraussetzung ist grundsätzlich nur, dass der Vorstand in dieser Funktion und in einem sachlichen Zusammenhang mit seinem Aufgabenbereich handelte. Die Haftung kann dabei schon durch das Handeln **eines** Vorstandsmitgliedes begründet sein, auch wenn dieses den Verein nicht alleine vertreten könnte.

Aber Vorsicht: Die Haftung des Vereins für ein solches Fehlverhalten ist nicht auf die Vorstandsmitglieder im Sinne der Satzung beschränkt. Sie greift für alle Funktionsträger und Bedienstete, denen der Verein einen wichtigen Aufgabenbereich zur Erledigung übertragen hat (Material-/Noten-/Gerätewart, Kassier, Jugendleiter ...).

Im Ergebnis ist regelmäßig sogar unbeachtlich, ob die Person den Bereich selbständig und eigenverantwortlich zu erledigen hat. Ist dies der Fall, wird sie einem Vorstand für die Fragen der Haftungszurechnung gleichgestellt, ist dies nicht der Fall, kann den Verein der Vorwurf eines sogenannten Organisationsmangels treffen („Diese Person hätte dafür nicht eingesetzt oder jedenfalls besser überwacht werden müssen!") und er haftet daraus. Im Endeffekt kann sich eine Haftung damit für nahezu all die Personen ergeben, die der Verein zur Erledigung seiner Aufgaben einsetzt.

Diese Haftung besteht **gegenüber Vereinsmitgliedern und außenstehenden Dritten.** Mitgliedern können dabei in einem weiteren Umfang Ersatzansprüche zustehen als Außenstehenden, da ihnen gegenüber besondere Pflichten aus Satzung oder Mitgliedschaftsverhältnis bestehen, bei deren Verletzung (z. B. rechtswidriger Vereinsausschluss, Verweigerung von satzungsmäßig verpflichtend zu erbringenden Leistungen o. Ä.) Ersatzansprüche in Betracht kommen.

bb) Die persönliche Haftung von Vereinsvertretern gegenüber dem Geschädigten

Auch wenn schädigende Handlungen eines Vertreters dem Verein „zugerechnet werden", diese Handlungen also als Vereinshandlung angesehen werden und der Verein für sie haftet, wird die **Haftung der tatsächlich handelnden Person damit nicht ausgeschlossen.**

Sie haftet – neben dem Verein – nach den allgemeinen Rechtsvorschriften für die von ihr begangenen unerlaubten Handlungen.

> In obigen **Beispielen** haftet also für den Flurschaden (auch) der wanderlustige Vorstand, für den Unfallschaden der Fahrer, für den abgebuchten Betrag der Kassier und für den Schaden des Passanten beim schlecht abgesicherten Rennen haftet neben dem Verein auch der zuständige Rennvorstand selbst.

Vertragliche Ansprüche werden sich demgegenüber regelmäßig nur gegen den Verein als Vertragspartner richten.

> Im ersten obigen Beispiel besteht der (vertragliche) Anspruch auf Verzinsung des vom Verein zu spät gezahlten Kaufpreises für den Verkäufer nur gegen den Verein als Vertragspartner, nicht gegen den Kassier, der die Überweisung vergessen hatte.

Die Grenzen der persönlichen Haftung sind insbesondere dort schwierig zu ziehen, wo „Organisationsverschulden" oder Verletzungen von Verkehrssicherungspflichten im Raume stehen.

> In den obigen **Beispielen** kann ein Organisationsverschulden etwa vorliegen, wenn die vergessene Rückfahrt beim Tagesausflug dem gerade volljährig gewordenen Jugendleiter unterläuft, der alleine und ohne Unterstützung die Jugendausfahrt mit 50 Teilnehmern organisieren und durchführen soll, oder wenn der Rennvorstand schon mehrfach als unzuverlässig aufgefallen war und trotzdem alleine für die Absicherung der Rennstrecke verantwortlich ist.

Eine Verletzung der Verkehrssicherungspflicht besteht etwa, wenn der Zugang zum Vereinsheim im Winter nicht geräumt oder gestreut wird, wenn für den schon länger als „sehr wacklig" aufgefallenen Balkon im Vereinsheim wieder Karten für das Frühjahrskonzert verkauft werden oder wenn die Rennabsicherung trotz bester Bemühungen des an sich immer zuverlässigen und erprobten Rennvorstandes einmal nicht ausreichend war.

Hier nehmen die Gerichte häufig eine **Garantenstellung von Vereinsrepräsentanten** an. Das bedeutet, dass der Vorstand verpflichtet ist, die Maßnahmen vorzunehmen bzw. sicherzustellen, die nötig sind, um eine Schädigung Dritter zu vermeiden.

> Der Vorstand muss sich also in vorstehenden Beispielen darum kümmern, dass der Jugendleiter bzw. der Rennvorstand Unterstützung von erfahrenen Mitstreitern erhält bzw. nicht mehr (alleine) eingesetzt wird bzw. muss er den Balkon untersuchen lassen und ggf. sperren oder sanieren und die Rennsicherung schlicht so gut wie möglich und fehlerfrei ausführen.

Verletzt der Vereinsvertreter schuldhaft diese Pflicht, haftet (auch) er wegen seines eigenen Fehlverhaltens bei der Organisation bzw. Überwachung.

> ⚠ WICHTIG
>
> **Wichtig für das Steuerrecht:** Eine persönliche Haftung des Vorstandes **besteht** nach gesetzlich ausdrücklicher Bestimmung z. B. auch bei der Verletzung steuerlicher Pflichten oder durch Nichtabführen von Sozialversicherungsbeiträgen, wenn der Verein Arbeitnehmer beschäftigt.

Ob der Vereinsvertreter selbst „auf dem Schaden sitzen bleibt" oder er seinerseits wieder beim Verein Regress nehmen kann, hängt vom Einzelfall ab (siehe dazu gleich nachstehend dd).

cc) Haftungsbeschränkung gegenüber dem Geschädigten

Die Möglichkeiten, die dargestellte Haftung gegenüber Dritten zu begrenzen, sind eingeschränkt.

Geht es um **Verträge** und deren Verletzung, können Ansprüche Dritter durch Vertrag ausgeschlossen werden. So kann im Einzelfall – ggfs. auch durch allgemeine Geschäftsbedingungen (wenn diese wirksam sind und tatsächlich in den Vertrag einbezogen werden) – eine Haftungsbeschränkung vereinbart werden.

Bei **Schädigung durch „unerlaubte Handlung" im außervertraglichen Bereich** besteht eine derartige Vereinbarungsmöglichkeit nicht. Auch die Satzung kann nicht helfen, wenn einem Dritten ein Schaden durch eine unerlaubte Handlung zugefügt wird. Möglich ist aber, die Haftung gegenüber Vereinsmitgliedern durch die Satzung zu beschränken: Ihnen gegenüber kann grundsätzlich die Haftung für **einfache Fahrlässigkeit** – nicht aber grobe Fahrlässigkeit oder Vorsatz – ausgeschlossen werden.

dd) „Haftungsverteilung" zwischen Verein und „Vereinsvertreter"

Von der Frage der Haftungsbeschränkung nach außen klar zu trennen ist die Frage **der „Haftungsverteilung"** zwischen Verein und Vereinsvertreter.

Wie so oft in der Juristerei sind hier viele Einzelheiten umstritten und manche Fragen nur im Einzelfall zu klären. **Grundsätzlich** aber gilt – soweit nicht „unentgeltlich tätige Vorstände" in Frage stehen, für die Erleichterungen bestehen, (siehe dazu gleich unten) – folgende Aufteilung:

- Kommt eine Person (außerhalb eines Vertragsverstoßes) durch Verschulden eines Vereinsvertreters zu Schaden („**unerlaubte Handlung**"), haftet dem Geschädigten regelmäßig nicht nur der handelnde Vereinsvertreter, sondern auch der Verein. Der Verein seinerseits kann sich aber, soweit er in Anspruch genommen wird, regelmäßig wieder bei dem Handelnden schadlos halten:
  Im Endeffekt zahlt damit (meist) nicht der Verein, sondern der handelnde Vertreter selbst den Schaden.
- Anderes gilt, wenn dem Verein auch selbst der Vorwurf eines „Organisationsverschuldens" seiner Repräsentanten (siehe oben bb) zu machen ist: In einem solchen Fall kann der Verein neben dem eigentlichen Schädiger auch selbst haften, so dass „unter dem Strich" entweder der Verein doch selbst den ganzen Schaden zu tragen hat oder jedenfalls eine Schadensteilung in Betracht kommt.
  In den **Beispielen** von oben (S. 28) müssen also im Ergebnis der seine Gruppe in die „Irre" führende Vorstand, der alkoholisierte Fahrer, der Kassier und der Sportvorstand den Schaden regelmäßig selber tragen. Waren aber der Wandervorstand als „Bruder Leichtfuß" bekannt, der Jugendwart nicht erprobt und der Situation nicht gewachsen, der Kassier schlicht ob der Vielzahl der Buchungen bekanntermaßen überlastet oder der Rennvorstand nicht hinreichend ausgebildet (und der Verein hat keine hinreichenden Schutzvorkehrungen getroffen), hat auch der Verein zu haften.
- Tritt ein Schaden im Rahmen eines **Vertragsverhältnisses** auf, hängt die Verteilung der Haftung von den Umständen des Einzelfalles ab:
- Handelt der letztlich für den Schaden verantwortliche Vereinsvertreter nur leicht fahrlässig, kann dieser meist vom Verein verlangen, von der Haftung freigehalten zu werden, also nicht „selber zahlen zu müssen". Bei grobem Verschulden oder gar Vorsatz kommt häufiger eine alleinige Verantwortlichkeit des Vertreters in Betracht, der dann selbst „auf dem Schaden sitzen bleiben" kann. Diese Einzelfallbetrachtung kann auch zu einer anteiligen Aufteilung der Haftung führen.
  In den **Beispielen** von oben (S. 27 f.) gilt danach: Unterlief dem an sich zuverlässigen Kassier schlicht ein Flüchtigkeitsfehler bzw. war der Tassenlieferant gut ausgewählt und zuverlässig und der Schaden kaum zu erkennen, haftet alleine der Verein. Unterlässt der Vorstand dagegen wider besseren Wissens jede Sicherung des Beamers beim Rücktransport, vergisst der zuständige Jugendwart trotz Unterstützung durch einen anderen Vorstand und trotz mehrfacher Erinnerung die Bestellung der Rückfahrmöglichkeit bzw. informieren sich die zuständigen Vorstandsmitglieder weder steuerlich noch arbeitsrechtlich jemals über den notwendigen Inhalt der zu erstellenden Dokumente und versuchen ihre Aufgaben „auf gut Glück" zu erledigen, haben sie den Schaden ganz oder teilweise selber zu tragen.

Besondere Bestimmungen enthält das gesetzliche Vereinsrecht des BGB zum Schutz der ehrenamtlich Engagierten für den Vereinsvorstand, der unentgeltlich oder gegen eine Vergütung von nicht mehr als 840,– EUR jährlich tätig ist: Dieser kann bei (einfacher) Fahrlässigkeit verlangen, dass der Verein den Schaden alleine trägt, hat also, wenn er von dem Geschädigten in Anspruch genommen wird, wieder einen „Regressanspruch" gegen den Verein. Den Schaden hat damit der Verein letztlich alleine zu tragen.

Dies gilt in allen Haftungsbereichen – soweit die Satzung nichts anderes bestimmt – auch für Schäden, die bei Vereinsmitgliedern eintreten.

Durch die Satzung (oder im Anstellungsvertrag) kann Vorstandsmitgliedern ein weitergehender Freistellungsanspruch eingeräumt werden, wonach der Verein den Schaden etwa bei einfacher Fahrlässigkeit immer selbst zu ersetzen bzw. dem in Anspruch genommenen Vorstand zu erstatten hat.

Denkbar ist die (wirtschaftliche) Absicherung der Haftungsrisiken durch eine entsprechende Versicherung, die der Verein für die die Vorstandsmitglieder treffende Haftung abschließen kann.

b) Schuldenhaftung der Mitglieder

Eine Haftung der Vereinsmitglieder für **Schulden des Vereins** kommt nur in extremen Ausnahmefällen in Betracht. Dies kann bei besonderen Haftungsvereinbarungen mit Dritten zu bejahen sein oder wenn die Satzung eine entsprechende Haftung ausdrücklich und deutlich vorsieht. In aller Regel wird eine solche „Durchgriffshaftung" jedoch ausgeschlossen sein. Auch bei massiven Schulden des Vereins oder dessen Insolvenz bleibt es bei der **Haftung des Vereins selbst mit seinem Vermögen.**

→ **HINWEIS**

Grundsätzlich gilt: Vereinsmitglieder haften **nicht** für Schulden des Vereins.
Wird der Verein überschuldet oder zahlungsunfähig, hat der Vorstand oder Liquidator **unverzüglich** spätestens drei Wochen nach Eintritt der Zahlungsunfähigkeit und sechs Wochen nach Eintritt der Überschuldung Insolvenzantrag zu stellen. Bei verspätetem Antrag haften sie, soweit ihnen ein Verschulden zur Last fällt, den Gläubigern für den entstehenden Schaden.

4 „Wie geht's?": Änderungen im Verein

1. Satzungsänderungen

Keine Satzung gilt für die Ewigkeit. Immer wieder ergibt sich im Vereinsleben die Notwendigkeit, die Satzung an neue Gegebenheiten anzupassen, sie zu modernisieren oder zu ergänzen. Solche Änderungen der Satzung, gleich ob sie inhaltlicher oder lediglich redaktioneller Natur sind, bedürfen eines gesonderten Beschlusses und zu ihrer Wirksamkeit der Eintragung in das Vereinsregister.

a) Beschlussfassung

aa) Die „normale" Satzungsänderung

Für Satzungsänderungen ist, soweit die Satzung selbst keine andere Zuständigkeit vorschreibt, die Mitgliederversammlung zuständig. Zur Wirksamkeit ihres satzungsändernden Beschlusses sind die allgemeinen, für die Beschlussfassung vorgesehenen Formvorschriften zu wahren (siehe S. 18 ff.). Insbesondere muss die Versammlung ordnungsgemäß einberufen (siehe S. 12 f.) und beschlussfähig sein (siehe S. 14 ff.).

In der mit der Einladung regelmäßig zu übersendenden **Tagesordnung** ist dazu der bloße Vermerk „Satzungsänderung" **nicht ausreichend.** Stets sind die betroffenen Bestimmungen und – zumindest stichwortartig – die wesentliche Inhaltsänderung anzugeben. Empfehlenswert ist eine Gegenüberstellung des derzeitigen und des geplanten Wortlauts der zu ändernden Regelung.

Soweit die Satzung keine abweichenden Bestimmungen trifft, bedarf ein satzungsändernder Beschluss einer Mehrheit von ¾ der erschienenen Mitglieder (zur Erinnerung: „Enthalten" heißt grundsätzlich „nicht erschienen", siehe S. 15). Die Satzung kann die erforderliche Mehrheit erhöhen oder vermindern. Sollen solche Satzungsbestimmungen geändert werden, die selbst für einzelne Maßnahmen besondere Mehrheitserfordernisse aufstellen, sollte für die Änderung (mindestens) diese Mehrheit gewahrt werden (z. B. Abschaffung eines Einstimmigkeitserfordernisses erfordert selbst Einstimmigkeit).

Mehrere Satzungsänderungen können in einem gemeinsamen oder in einzelnen Beschlüssen zur Entscheidung gebracht werden.

→ **HINWEIS**

> Gegenstand des Beschlusses sollte immer der genaue (neue) Wortlaut der geänderten Satzungsbestimmungen sein. Die bloß schlagwortartige Bezeichnung (z. B. *„In § 3 soll eine Regelung zu Beitragserhöhungen aufgenommen werden"* o. Ä.) ist schon bei der Einladung problematisch, bei der Beschlussfassung genügt sie nicht.

bb) Änderung des Vereinszwecks

Wegen der überragenden Bedeutung des Vereinszwecks fordert das BGB zu dessen Änderung die **Zustimmung sämtlicher Mitglieder.** Die Satzung kann abweichend davon auch geringere Hürden errichten, also Mehrheitsentscheidungen beliebiger Art zulassen. Nachträglich, also durch Satzungsänderung, ist dies jedoch nur mit Zustimmung sämtlicher Mitglieder möglich.

→ **HINWEIS**

> Enthält die Satzung Bestimmungen über die bei „Satzungsänderung" einzuhaltenden Mehrheiten, gilt dies für die Zweckänderung nur dann, wenn sich **ausnahmsweise** ein entsprechender Wille eindeutig aus der Satzung ergibt.

Nicht notwendig ist das Erscheinen aller Mitglieder in einer Mitgliederversammlung. Die nicht erschienenen Mitglieder können dem Beschluss auch später (schriftlich!) zustimmen. Auch Mitglieder, die ursprünglich nicht für die Änderung gestimmt haben, können nachträglich noch ihr Einverständnis erklären.

Im Übrigen gelten die Vorgaben zur „normalen" Satzungsänderung.

→ HINWEIS

Keine Änderung des Vereinszwecks in diesem Sinne liegt vor, wenn an der entsprechenden Satzungsbestimmung nur redaktionelle Änderungen vorgenommen werden. „Zweckänderungen" sind nur tatsächliche (inhaltliche) Änderungen der Ziele oder Aufgaben des Vereins.

cc) Satzungsneufassung

Es steht dem Verein immer frei, die bestehende Satzung durch eine vollständige neue Satzung zu ersetzen. Bleibt dabei der Vereinszweck gewahrt (und werden auch keine Bestimmungen inhaltlich geändert, die größere Mehrheiten fordern), erfolgt die Satzungsneufassung durch einen „normalen" satzungsändernden Beschluss; andernfalls sind die hierfür nötigen Mehrheiten einzuhalten.

Bei der Einladung zur Mitgliederversammlung wird die Angabe „Satzungsneufassung" jedenfalls nicht immer für ausreichend gehalten. Auch hier sollten vorsorglich alter und neuer Satzungstext gegenübergestellt werden, um den Mitgliedern deutlich zu machen, welche Bestimmungen wie geändert werden sollen.

→ HINWEIS

Bei Satzungsneufassungen ist die vollständige Satzung nochmals durch das Registergericht zu prüfen. Die Kontrolle beschränkt sich also anders als bei der bloßen Satzungsänderung in einzelnen Punkten nicht auf die tatsächlich geänderten Bestimmungen.

b) Niederschrift (Protokoll)

Über den satzungsändernden Beschluss ist eine den üblichen Voraussetzungen entsprechende Niederschrift (Protokoll) zu erstellen. Wesentlich ist die Unterzeichnung durch die in der Satzung vorgesehenen Personen. Das Protokoll muss den genauen Beschlussinhalt (also regelmäßig den Wortlaut der beschlossenen Änderung) wiedergeben. Bei der Neufassung einer Satzung ist häufig die Beifügung des neuen Satzungstextes als Anlage zum Protokoll der einfachste Weg. Das Protokoll sollte dann eine Verweisung beinhalten, etwa dahingehend, dass „die Satzung gemäß der hier als Anlage 1 beigefügten Fassung neu gefasst" wurde.

Eine Checkliste zum Inhalt der Niederschrift findet sich auf S. 20.

 **TIPP**

Zur Vorlage beim Registergericht genügt die Vorlage einer auszugsweisen Niederschrift, die die nötigen Formalien und die Beschlussfassung über die Satzungsänderung enthält.

Der Vorschlag für ein Versammlungsprotokoll ist in **Muster 5** zu finden.

c) Zustimmungen

Die Satzung kann die Zulässigkeit von Satzungsänderungen von der Zustimmung bestimmter Mitglieder oder eines Dritten abhängig machen. Solche Bestimmungen sind v. a. bei Vereinen, die in (Dach-)Verbände oder ähnliche Strukturen eingebunden sind oder eng mit anderen Organisationen kooperieren, zu finden.

Bestehen derartige Zustimmungserfordernisse (die jedoch unzulässig werden können, wenn der Verein in allen wesentlichen Belangen vom Willen eines Dritten abhängig wird), hängt die Wirksamkeit der Satzungsänderung auch vom Vorliegen dieser Zustimmung ab. Auch sie ist dem Registergericht nachzuweisen.

⚠ WICHTIG

Wichtig für das Steuerrecht: Kein „Zustimmungserfordernis", aber regelmäßig zumindest ein „Gebot der Vernunft" ist die Abstimmung der Satzungsbestimmungen, die die Gemeinnützigkeit eines Vereins betreffen können, mit dem zuständigen Finanzamt.

d) Eintragung im Vereinsregister

aa) Anmeldung

Satzungsänderungen werden nicht bereits mit Beschluss (und Zustimmung) wirksam, sondern erst mit Eintragung in das Vereinsregister. Diese Eintragung erfolgt ausschließlich infolge einer entsprechenden Vereinsregisteranmeldung, die der **öffentlichen, in der Regel notariellen Beglaubigung** bedarf. Eine amtliche Beglaubigung reicht nicht aus (siehe S. 8). Ein Formulierungsvorschlag für die Anmeldung findet sich in **Muster 6.**

Die Anmeldung hat durch Vorstandsmitglieder in der allgemein zur Vertretung erforderlichen Zahl, die jedoch nicht notwendig zeitgleich unterschreiben müssen, zu erfolgen.

→ **HINWEIS**

Änderungen bei der Vorstandszusammensetzung bzw. dessen Vertretungsmacht sind grundsätzlich noch durch die Inhaber der nach der „alten Satzung" zur Vertretung befugten Vorstandsämter anzumelden.

Der Vereinsregisteranmeldung sind eine (ggf. auszugsweise) Abschrift des die Änderung enthaltenden Beschlusses, der Wortlaut der Satzung und ggf. notwendige Zustimmungen beizufügen. In dem Wortlaut der Satzung müssen die geänderten Bestimmungen mit dem Beschluss über die Satzungsänderung, die unveränderten Bestimmungen mit dem zuletzt eingereichten vollständigen Wortlaut der Satzung und – wenn die Satzung geändert worden ist, ohne dass ein vollständiger Wortlaut der Satzung eingereicht wurde – auch mit den zuvor eingetragenen Änderungen übereinstimmen. Teilweise verlangen die Registergerichte auch die Vorlage der Einladung zur beschlussfassenden Mitgliederversammlung, selten auch (wohl zu Unrecht) die Erklärung, dass der Satzungswortlaut den vorstehend geschilderten Voraussetzungen genügt.

bb) Registereintragung

Ergibt die Prüfung durch das Registergericht Beanstandungen, die behoben werden können (dies ist der typische Fall), teilt das Gericht diese dem Verein und dem die Registeranmeldung vornehmenden Notar in einer sog. „Zwischenverfügung" mit und setzt eine Frist zur Behebung. Bestehen keine Bedenken, nimmt das Gericht die Eintragung vor und die Satzungsänderung wird wirksam. Die Satzungsänderung wird erst mit Vereinsregistereintragung wirksam – ein rückwirkendes Inkraftsetzen ist nicht möglich.

TIPP

Es ist möglich, bereits ab Fassung eines satzungsändernden Beschlusses hierauf aufbauende weitere Beschlüsse zu fassen, also etwa neu geschaffene Vorstandsämter zu besetzen. Solche Wahlen und Beschlüsse werden allerdings erst mit Wirksamkeit der Satzungsänderung wirksam.

2. Vorstandsänderungen

Änderungen im Vorstand, also bei den Personen, die den Verein nach außen vertreten, sind **zwingend (in öffentlich beglaubigter Form) zur Eintragung in das Vereinsregister anzumelden** (siehe S. 8). Die Registereintragung dient der Verlautbarung der Vertretung des Vereins, sie ist dagegen – anders als bei der Satzungsänderung – **nicht** Wirksamkeitsvoraussetzung.

a) Der „Änderungsgrund"

aa) Neuwahl

Typischerweise werden die Vorstandsämter beim Verein nur auf Zeit verliehen. Nach Ablauf der Wahlperiode ist das Ausscheiden eines Vorstandes beim Vereinsregister einzutragen. Regelmäßig fällt das Ende der Amtszeit nach den Satzungsbestimmungen mit dem Zeitpunkt der Neuwahl zusammen. Diese Vorgänge können auch gemeinsam zum Vereinsregister angemeldet werden.

Wirksam wird die Neuwahl und die damit erfolgende Bestellung zum Vorstand mit Annahme der Wahl durch den Gewählten.

Für die Einladung zu der Wahlversammlung gelten die üblichen Bestimmungen, wobei der Tagesordnungspunkt (soweit nicht durch die Satzung anders bestimmt) explizit angegeben werden muss.

bb) Abberufung

Das für die Bestellung des Vorstandes zuständige Vereinsorgan, regelmäßig also die Mitgliederversammlung, kann Vorstandsmitglieder auch abberufen. Diese Abberufung ist grundsätzlich jederzeit zulässig, wenn nicht die Satzung besondere Voraussetzungen, etwa eine Beschränkung auf die Abberufung aus wichtigem Grund (die aber immer möglich bleibt und nicht ausgeschlossen werden kann), vorsieht. Die vorherige Anhörung des Betroffenen ist **nicht** Wirksamkeitsvoraussetzung der Abberufung.

cc) Amtsniederlegung

Ein Vorstandsamt endet auch durch Amtsniederlegung seines Inhabers. Sie ist gegenüber dem für die Bestellung zuständigen Vereinsorgan oder gegenüber dem Vorstand (jedenfalls soweit dieser noch handlungsfähig ist) zu erklären. Sie ist nicht widerruflich.

Der ehrenamtlich tätige Vorstand kann sein Amt **jederzeit** niederlegen, bei angestellten Vereinsvorständen ist dies problematisch: Zwar wird regelmäßig von der sofortigen Wirksamkeit einer Amtsniederlegung auszugehen sein, jedoch kann der Niederlegende dem Verein evtl. für einen Schaden haften, der diesem durch eine Niederlegung „zur Unzeit" entstanden ist.

→ **HINWEIS**

> Ein Vorstand, der sein Amt mit sofortiger Wirkung niedergelegt hat, kann sein Ausscheiden aus dem Vorstand nicht mehr selbst beim Vereinsregister anmelden. Die Anmeldung ist dann von den anderen Vorstandsmitgliedern vorzunehmen (soweit sie noch in vertretungsberechtigter Zahl vorhanden sind). Selbst handeln kann der Ausscheidende dann noch, wenn er sein Amt z. B. erst „zum Tag der Eintragung des Ausscheidens ins Vereinsregister" niederlegt.

dd) Sonstige Änderungsgründe

Ein Vorstandsamt endet grundsätzlich ohne Weiteres bei Wegfall der satzungsmäßig geforderten persönlichen Voraussetzungen für die Vorstandsbestellung. Bei „Vorständen kraft Amtes" beginnt/endet die Vorstandsstellung mit Antritt des bzw. Ausscheiden aus dem fraglichen Amt.

Regelmäßig endet ein Vorstandsamt auch durch Austritt oder Ausschluss eines Vorstandsmitgliedes aus dem Verein, Eintritt der Geschäftsunfähigkeit und durch Tod.

b) Wahlprotokoll

In den häufigsten Fällen der Neu- und (Ab-)Wahl von Vorstandsmitgliedern ist über die Wahl ein Protokoll zu erstellen, in dem die Art und das Verfahren der Abstimmung, die gewählten Personen, das Wahlergebnis und – sofern in der Versammlung erklärt – die Annahme der Wahl durch die Gewählten aufzunehmen sind.

→ **HINWEIS**

> Die Annahme der Wahl fehlt in Niederschriften häufig. Sie muss jedoch ersichtlich sein, da das Vorstandsamt erst mit der Wahl und deren Annahme entsteht. Wird sie erst später erklärt, ist die Erklärung zu dokumentieren und bei der Registeranmeldung mit einzureichen.

Ein Formulierungsvorschlag zur Niederschrift über eine Neuwahl ist in **Muster 5** enthalten.

c) Eintragung in das Vereinsregister

Die Anmeldung der Vorstandsänderung zum Vereinsregister hat, unabhängig vom Grund der Änderung, durch öffentlich beglaubigte, in der Regel notarielle Vereinsregisteranmeldung zu erfolgen. Insoweit gelten keine Besonderheiten gegenüber der Anmeldung einer Satzungsänderung (siehe S. 32.).

aa) Anmeldung

Die Unterzeichnung der Vereinsregisteranmeldung ist Sache des Vorstandes, der zum Zeitpunkt der Anmeldung und Eintragung im Amt ist. Bei der Neuwahl ist dies also regelmäßig der neu gewählte Vorstand in vertretungsberechtigter Zahl. Vorstandsmitglieder, die ihr Amt bereits verloren haben, können die Anmeldung nicht mehr vornehmen.

→ **HINWEIS**

> Die Wiederwahl bzw. Bestätigung von Vorstandsmitgliedern muss **nicht** angemeldet werden. Sie kann zur Information und Klarstellung jedoch in der Anmeldung miterwähnt (oder dem Registergericht direkt mitgeteilt) werden.

Der Vereinsregisteranmeldung ist eine Abschrift des Wahlprotokolls bzw. der sonstigen Dokumente, aus denen sich die Vorstandsstellung bzw. deren Beendigung ergibt (also etwa der Nachweis der Inhaberschaft eines bestimmten Amtes bei „Vorständen kraft Amtes“, die Niederlegungserklärung eines Vorstandsmitgliedes, eine Sterbeurkunde o. Ä.) beizufügen. In der Anmeldung sind Vor- und Zuname, Geburtsdatum und Wohnort (nicht die volle Adresse) der neuen Vorstandsmitglieder anzugeben.

Die Anmeldung eines Vorstandswechsels ist im **Muster 6** enthalten.

bb) Registereintragung

Das Vereinsregister prüft aufgrund der vorgenommenen Anmeldung die Wirksamkeit der angemeldeten Vorstandsänderung, insbesondere die Wahrung der einzuhaltenden Formalien. Eventuelle Bedenken werden dem Notar und dem Verein mitgeteilt, im Übrigen erhalten diese die Eintragungsnachricht, sobald der Wechsel im Register eingetragen ist.

→ **HINWEIS**

Nicht anzumelden und einzutragen sind Wechsel bei den Mitgliedern der „erweiterten“ Vorstandschaft o. Ä., also Mitgliedern solcher Gremien, die nicht zur Vertretung des Vereins befugt sind.

3. Mitgliedsänderungen und besondere Formen der Mitgliedschaft

a) Eintritt

Nach den Regeln des BGB kann das Verfahren für den Eintritt in einen Verein in der Satzung frei geregelt werden. Der Verein kann die bloße **Beitrittserklärung** genügen lassen oder ein bestimmtes (wenn auch vielleicht sehr einfaches) Aufnahmeverfahren vorsehen (siehe S. 10 f.).

Trifft die Satzung **keine Bestimmung** darüber, welches Vereinsorgan über die Aufnahme des Mitglieds entscheidet, ist die Mitgliederversammlung zuständig. Praktikabler wird es regelmäßig sein, diese Entscheidung dem Vorstand oder einem Ausschuss zu übertragen. Die Satzung kann neben Verfahrensregeln auch Bestimmungen zu besonderen Voraussetzungen für die Mitgliedschaft enthalten. Dabei ist ein Verein nicht gezwungen, die Mitgliedschaft jedermann zu gestatten. Die Satzung kann grds. auch Mitgliederhöchstzahlen festlegen und Differenzierungen vornehmen (siehe S. 10 f.).

b) Austritt und Tod

aa) Austritt

Das Recht zum Austritt aus dem Verein ist nicht ausschließbar und darf auch nur in gesetzlich bestimmten Grenzen eingeschränkt werden (siehe S. 11).

Zulässig sind Austrittsregelungen, die den **Austritt nur zum Schluss eines Geschäftsjahres** ermöglichen, sofern nicht durch eine solche Bestimmung in Kombination mit einer festgelegten Kündigungsfrist die kraft Gesetzes zulässige Frist von höchstens zwei Jahren überschritten wird.

Solche Regelungen sind auch im Einzelfall nicht allein durch den Vorstand abänderbar (wenngleich bei Fristsstreitigkeiten mit einem Mitglied zur Vermeidung eines Rechtsstreits Vergleiche denkbar und zulässig sein sollten).

Anders als für die Eintrittserklärung kann für die Wirksamkeit der Austrittserklärung eine bestimmte **Form** nur sehr eingeschränkt vorgeschrieben werden. Als zulässig wird es regelmäßig aber angesehen, wenn die Satzung – aus Gründen der Nachweisbarkeit – Schriftform verlangt. Darüber hinaus gehende Form- oder Verfahrensvorschriften sind aber, da sie geeignet sind, das Austrittsrecht zu erschweren, in aller Regel unzulässig.

Die Austrittserklärung darf regelmäßig keine Bedingung enthalten, außer die Herbeiführung der Bedingung steht im Belieben des Vereins. Sie gilt als dem Verein zugegangen, wenn sie einem Vorstandsmitglied zugegangen ist, egal ob mündlich oder schriftlich.

Unzulässig ist es vor allem, die Wirksamkeit des Austritts von der vorigen Zahlung rückständiger Mitgliedsbeiträge o. Ä. abhängig zu machen oder die „Annahme“ des Austritts durch Vorstand oder Mitgliederversammlung vorzusehen.

Eine „**außerordentliche Kündigung aus wichtigem Grund**“ ist bei der Vereinsmitgliedschaft auch dann grundsätzlich **nicht** möglich, wenn die Satzung Kündigungsfristen vorsieht. Anders kann das nur sein, wenn dem Mitglied der Verbleib im Verein im Einzelfall ausnahmsweise schlechthin unzumutbar ist. Beitragserhöhungen führen aber in aller Regel nicht zu einer solchen Unzumutbarkeit, sind also kein „wichtiger Grund“ im Sinne einer außerordentlichen Kündigung.

bb) Tod eines Mitglieds/Erlöschen der Mitgliedschaft

Sieht die Vereinssatzung nicht ausnahmsweise die Vererblichkeit der Mitgliedschaft vor, endet sie mit dem Tod eines Mitglieds. Dem Tod entspricht bei einer juristischen Person das Erlöschen (nicht schon die Auflösung bzw. der Beginn der Liquidation).

Bestimmt die Satzung dies ausdrücklich, kann z. B. auch der Wegfall bestimmter Eigenschaften in der Person eines Mitglieds zum Ende der Mitgliedschaft führen.

c) Ausschluss aus dem Verein

aa) Satzungsgrundlage

Der Ausschluss aus dem Verein ist nur dann zulässig, wenn er in der Satzung vorgesehen ist. Derartige Bestimmungen sind als „letztes Mittel“ in Streit- oder Problemfällen empfehlenswert.

Die Satzung kann zur besseren Vorhersehbarkeit für die Mitglieder einzelne Ausschlussgründe aufnehmen; zwingend ist dies nicht. Solche Aufzählungen sollten aber nicht abschließend, sondern allenfalls beispielhaft („*insbesondere, wenn ...*“) sein. Fehlen in der Satzung Bestimmungen über den Ausschluss vollständig, ist er nur im Einzelfall aus wichtigem Grunde denkbar.

bb) Verfahren

Grundsätzlich bestimmt die Satzung das einzuhaltende Verfahren, wegen der Schwere der Maßnahme gelten aber besondere Mindestanforderungen: Sind keine abweichenden Bestimmungen getroffen, ist die Mitgliederversammlung zur Entscheidung über den Ausschluss zuständig. Ihr bleibt, auch wenn die Satzung die Zuständigkeit des Vorstandes (oder eines anderen Organs) vorsieht, **zwingend** die Kontrolle der Ausschlussentscheidung vorbehalten. Über den Ausschluss eines Vorstandsmitglieds kann auch bei anderslautender Satzungsbestimmung grundsätzlich nicht der (Rest-) Vorstand entscheiden, sondern es ist regelmäßig die Entscheidung der Mitgliederversammlung herbeizuführen.

Vor der Entscheidung über den Ausschluss ist dem betroffenen Mitglied stets die Möglichkeit zur Stellungnahme zu geben („rechtliches Gehör“). Bei der Ladung zu der Versammlung, in der über den Ausschluss entschieden werden soll, ist der beabsichtigte Ausschluss gesondert, in der Regel unter Angabe der für den Ausschluss maßgeblichen Gründe, anzukündigen (sofern die Tagesordnung mit der Einladung zu versenden ist). Für die Beschlussfassung im zuständigen Vereinsorgan gelten für die Abstimmung entweder die hierfür getroffenen Spezialbestimmungen der Satzung oder die Bestimmungen über die „normale“ Beschlussfassung.

In jedem Fall muss dem auszuschließenden Mitglied ein „faires Verfahren“ gewährt werden. Dazu gehört auch die (zumindest kurze) Begründung der Ausschlussentscheidung.

→ **HINWEIS**

> Hat das zuständige Organ den Ausschluss aufgrund eines bestimmten Sachverhaltes einmal abgelehnt, kann auf dessen Grundlage auch später kein Ausschluss mehr erfolgen.

cc) (Gerichtliche) Kontrolle des Ausschlusses

Die Satzung kann die Möglichkeit vereinsinterner Rechtsbehelfe vorsehen. Die endgültige Entscheidung über die Wirksamkeit eines Ausschlusses kann z. B. einem Schiedsgericht übertragen werden.

Es ist dagegen nicht möglich, Rechtsbehelfe gänzlich auszuschließen. Ist keine Schiedsklausel vorgesehen, ist daher immer die Anrufung der Zivilgerichtsbarkeit (Amtsgericht) möglich. Hier kann das Mitglied einen Antrag auf Feststellung der Unwirksamkeit des Ausschließungsbeschlusses erheben.

Vor Gericht ist zunächst das Ausschließungsverfahren umfassend zu prüfen. Daneben wird bei entsprechendem Antrag auch erforscht, ob dem Ausschluss ein zutreffender Sachverhalt zugrunde gelegt worden ist. Der Richter klärt nicht nur, ob Satzungsverstöße vorliegen, sondern prüft grundsätzlich die Gesetzeswidrigkeit, die (Un-)Billigkeit der Entscheidung und die Einhaltung des Gleichbehandlungsgrundsatzes („Willkürschutz"). Auch bei Wahrung aller Verfahrensvorschriften sind Grenzen etwa überschritten, wenn zwischen dem gerichtlich festgestellten Fehlverhalten des Mitglieds und dem Vereinsausschluss als „schärfster Waffe des Vereinsrechts" ein offensichtliches Missverhältnis besteht.

dd) Sonderfall: „Streichung von der Mitgliedsliste"
Trotz der engen Grenzen für Ausschlüsse ist es möglich, für bestimmte, eindeutig feststellbare Verstöße gegen die Vereinspflichten ein abweichendes, einfacheres „Ausschluss-Verfahren" vorzusehen. Dies kann insbesondere bei erheblichen Beitragsrückständen der Fall sein. Satzungen sprechen hier häufig von der „Streichung eines Mitglieds aus der Mitgliederliste". Solche Bestimmungen sind grundsätzlich anzuerkennen.

d) Minderjährige Mitglieder

aa) Gründung, Beitritt
Minderjährige können stets (Gründungs-)Mitglieder eines Vereins sein. Vor Vollendung des siebten Lebensjahres sind sie freilich in jedem Fall von den gesetzlichen Vertretern (im Regelfall sind dies die (beide) Eltern) zu vertreten (siehe unten).

Bei **beschränkt Geschäftsfähigen** (das sind Minderjährige zwischen dem siebten und dem achtzehnten Lebensjahr) kommt ein Beitritt ohne Mitwirkung der Eltern allenfalls dann in Betracht, wenn für sie keine „rechtlichen" Nachteile entstehen, insbesondere wenn:

- keine Beitragspflicht besteht,
- ein (nur einmaliger) Beitrag vorgesehen ist, den der Minderjährige aus seinem „Taschengeld" begleichen kann, oder
- der Minderjährige ein Erwerbsgeschäft mit Zustimmung seines gesetzlichen Vertreters betreibt, mit dem die Vereinsbeteiligung in Zusammenhang steht.

In allen anderen (Regel-)Fällen wird auch bei beschränkt Geschäftsfähigen die Mitwirkung der Eltern erforderlich sein.

→ HINWEIS

Grundsätzlich werden Kinder durch ihre **beiden Elternteile** vertreten. Nur in Einzelfällen kann Einzelvertretungsmacht bestehen. Denkbar ist etwa, dass sich die Eltern für einzelne Geschäfte oder für bestimmte Arten von Geschäften gegenseitig (stillschweigend) ermächtigen. Zur Vermeidung von Unklarheiten ist die Mitwirkung beider Eltern empfehlenswert.

Die gesetzlichen Vertreter haften für die Mitgliedsbeiträge des minderjährigen Mitglieds nur dann, wenn eine entsprechende Satzungsregelung besteht und der gesetzliche Vertreter bei der Aufnahme des Minderjährigen hierauf deutlich hingewiesen wird.

bb) Ausübung der Stimmrechte
Soweit die Satzung die Stimmrechtsausübung durch (gesetzliche) Vertreter nicht – in Ausnahmefällen – ausdrücklich ausschließt, ist die Stimmrechtsausübung durch die gesetzlichen Vertreter zulässig und möglich. Regelmäßig ist aber mit der Einwilligung des gesetzlichen Vertreters zum Vereinsbeitritt auch die Zustimmung zur Stimmabgabe in Mitgliederversammlungen erteilt. Dies wird insbesondere dann zu bejahen sein, wenn die Satzung die Stimmrechtsabgabe durch gesetzliche Vertreter ausschließt oder umgekehrt Minderjährigen ausdrücklich vor Volljährigkeit das Recht hierzu einräumt.

Es ist denkbar, Minderjährigen das Stimmrecht durch die Satzung erst ab einem bestimmten Alter zu gewähren.

e) „Besondere Mitglieder"

Das Gebot der Gleichbehandlung aller Mitglieder schließt nicht aus, dass durch die Satzung verschiedene Arten von Mitgliedschaften mit unterschiedlicher Rechtsstellung begründet werden. So können **aktive oder passive Mitglieder, ordentliche und außerordentliche, fördernde und Ehrenmitglieder** o.Ä. vorgesehen werden. Die Satzung muss dann aber eindeutige Festlegungen zur Rechtsstellung der Mitglieder treffen.

Während das Recht zur Teilnahme an der Mitgliederversammlung grundsätzlich jedermann zu gewähren ist, kann etwa das Stimmrecht und die Pflicht zur Beitragsleistung auf bestimmte Mitgliederkreise beschränkt werden. In jedem Fall sollte die Satzung die Rechte und Pflichten aller „Mitgliedstypen" deutlich regeln (siehe S. 20, dort e)).

Denkbar ist auch, bestimmten Mitglieder(kreise)n nur ihnen zustehende Sonderrechte einzuräumen und in der Satzung zu „garantieren". Dies wird jedoch nur in Sonderkonstellationen in Betracht kommen.

f) Aufnahmepflicht?

Grundsätzlich ist der Verein in der Entscheidung über die Aufnahme von Mitgliedern frei. Ein Anspruch auf Aufnahme kann sich nur im Einzelfall aus Satzung (zu den grundsätzlichen Gestaltungsmöglichkeiten des Beitritts siehe S. 10 f.) oder Gesetz ergeben:

Ein satzungsmäßiges Recht kann ausdrücklich aufgenommen sein, aber auch schon dadurch entstehen, dass jedermann mit bloßer Abgabe der Beitrittserklärung als Mitglied anzusehen ist. Sieht die Satzung ein gewisses Aufnahmeverfahren vor, wird ein solcher Anspruch dagegen grundsätzlich nicht bestehen.

Ein gesetzlicher Aufnahme**zwang** kann sich ausnahmsweise bei solchen Vereinen ergeben, die eine „Monopolstellung" innehaben: Jedenfalls dann, wenn sie ihre Leistungen nur Mitgliedern zur Verfügung stellen, können sie zur Aufnahme von „Bewerbern", die auf diese Leistungen **angewiesen** sind, verpflichtet sein. Eine solche Verpflichtung kommt beispielsweise bei solchen Vereinen, die den berufsständischen Interessen ihrer Mitglieder dienen, bei großen Sportverbänden oder sonst (in ihrem Gebiet) alleine stehenden Vereinen in Betracht.

5 „Nichts geht mehr“: Das Ende des Vereins

Nicht immer erfüllen sich die in eine Vereinsgründung gesetzten Hoffnungen. Der Vereinszweck scheint nach gewisser Zeit unerreichbar, ist „überholt“ oder hinfällig. Manchmal ist der Zweck aber auch schnell erreicht.

In allen diesen Fällen „verschwindet“ der Verein nicht von selbst. Die Mitglieder können versuchen, ihn durch Werbemaßnahmen, Satzungsänderungen, Zweckanpassungen u. a. mit neuem Leben zu erfüllen, sie können versuchen, ihn mit einem anderen Verein zu fusionieren oder sie lösen ihn auf.

1. Auflösung

a) Beschluss

Typischerweise endet ein Verein durch Auflösung aufgrund dahingehenden Beschlusses. Der Auflösungsbeschluss steht in der Zuständigkeit der Mitgliederversammlung. Eines **besonderen Grundes** für die Auflösung des Vereins bedarf es **nicht.**

Für den Beschluss ist nach der gesetzlichen Regelbestimmung die Mehrheit von drei Vierteln der abgegebenen Stimmen nötig; die Satzung kann eine größere oder kleinere Mehrheit vorsehen. Auch ohne Satzungsbestimmung kann die Auflösung mit schriftlicher Zustimmung aller Vereinsmitglieder beschlossen werden. Eine Mehrheitsentscheidung im schriftlichen Verfahren ist nur bei entsprechender Satzungsbestimmung möglich.

b) Sonstige Auflösungsgründe

Außer durch Beschluss der Mitgliederversammlung wird der Verein auch mit Ablauf einer in der Satzung etwa bestimmten Zeitdauer oder Eintritt sonstiger in der Satzung vorgesehener Umstände aufgelöst.

Neben weiteren praktisch weniger bedeutenden Fällen wird der Verein auch durch Wegfall seiner sämtlichen Mitglieder aufgelöst. Ebenfalls zur Auflösung des Vereins führen daneben sowohl die Eröffnung des Insolvenzverfahrens als auch die Ablehnung der Eröffnung („mangels Masse“).

c) Folgen der Auflösung

Vom Fall der Auflösung durch Wegfall aller Mitglieder abgesehen, der nach der überwiegenden Meinung der Gerichte zum sofortigen Erlöschen des Vereins ohne vorherige Liquidation führt, erlischt ein Verein mit seiner „Auflösung“ nicht sofort. An die Auflösung schließt sich vielmehr die sog. Abwicklungs- oder Liquidationsphase an. Sie entfällt nur, wenn der Verein vermögenslos ist oder das Vermögen dem Fiskus zufällt. Bei Insolvenz tritt an ihre Stelle das Insolvenzverfahren.

2. Liquidation

a) Grundsätzliches

Die Liquidatoren haben das vorhandene Vereinsvermögen in Geld umzusetzen und die Gläubiger des Vereins zu befriedigen. Ihnen kommt grundsätzlich dieselbe Vertretungsmacht zu wie vor Auflösung des Vereins den Vorstandsmitgliedern.

Liquidatoren sind, soweit die Satzung nichts anderes regelt und nichts anderes beschlossen wird, die bisherigen Vorstände. In dem Auflösungsbeschluss können aber auch andere Personen bestellt und andere Vertretungsregeln festgelegt werden. Die Gestaltungsmöglichkeiten entsprechen grundsätzlich denen über die Vertretungsmacht des Vorstandes.

> ⚠ WICHTIG
>
> **Enthalten weder die Satzung noch der Beschluss der Mitgliederversammlung über die Auflösung ausdrückliche Bestimmungen, sind die bisherigen Vorstände als Liquidatoren nur gemeinschaftlich zur Vertretung befugt, müssen also gemeinsam handeln. Hier sind andere Regelungen anzuraten.**

b) Bekanntmachung

Die Liquidation ist öffentlich bekanntzumachen. Dabei sind (potentielle) Gläubiger, auch wenn sie alle bekannt sein sollten (oder umgekehrt nichts von Schulden bekannt ist), zur Anmeldung ihrer Ansprüche aufzufordern. Diese Bekanntmachung, die nur dann entfallen kann, wenn kein Vermögen vorhanden ist, hat in dem dafür in der Satzung vorgesehenen „Veröffentlichungsorgan" (bestimmte Zeitung) zu erfolgen, ansonsten in der/den Zeitungen, die für die amtlichen Bekanntmachungen des Amtsgerichts am Sitz des Vereins vorgesehen ist/sind. Letztere werden von jedem Gericht selbst festgelegt. Bekannte Gläubiger sind vom Verein durch besondere Mitteilung zu informieren und zur „Anmeldung ihrer Ansprüche" aufzufordern.

Die Veröffentlichung kann etwa wie folgt lauten: *„Der Verein XY ist aufgelöst. Die Gläubiger des Vereins werden gebeten, ihre Ansprüche bei dem Liquidator (Name, Anschrift) anzumelden".*

c) Überschussverteilung

Der nach Befriedigung der Gläubiger verbleibende Vermögens-„Überschuss" ist von den Liquidatoren dem sog. Anfallberechtigten auszuzahlen („Auskehrung"). Die „Anfallberechtigung" ist regelmäßig in der Satzung festgelegt. Sind hier nur Auswahlkriterien enthalten, sollte die Mitgliederversammlung den Anfallberechtigten namentlich benennen. Dies ist etwa nach der „2. Variante" der Mustersatzung der Finanzverwaltung, siehe **Muster 1,** § 14, der Fall. Der Beschluss kann mit dem Auflösungsbeschluss verbunden werden.

Die Auszahlung der Gelder darf (auch bei Auskehrung an einen anderen gemeinnützigen Verein o. Ä.) stets erst **nach Ablauf eines Jahres** nach der Bekanntmachung der Auflösung des Vereins (sog. „**Sperrjahr**") erfolgen. Mit der Auszahlung des Vermögens ist die Liquidation beendet.

Enthält eine Satzung (nicht gemeinnütziger Vereine) ausnahmsweise keine Bestimmung über die Anfallberechtigten, fällt das Vermögen, wenn der Verein nach seiner Satzung ausschließlich den Interessen seiner Mitglieder diente, an die zur Zeit der Auflösung vorhandenen Mitglieder zu gleichen Teilen, ansonsten an das Land, in dessen Gebiet der Verein seinen Sitz hatte.

> ⚠ WICHTIG
>
> **Wichtig auch für das Steuerrecht: Das „Leeren von Konten", auch durch Spenden, zur Herbeiführung der Vermögenslosigkeit des Vereins ist allenfalls dann möglich und zulässig, wenn dies dem Vereinszweck entspricht. In allen anderen Fällen liegt darin ein – satzungswidriger – Verstoß gegen die Bestimmungen zur Liquidation. Bei gemeinnützigen Vereinen kann darin unter Umständen auch eine steuerschädliche Mittelverwendung gesehen werden, die die Gemeinnützigkeit gefährdet.**

3. Registereintragung

Sowohl die Tatsache der Auflösung des Vereins als auch die Beendigung der Liquidation sind **in das Vereinsregister einzutragen.** Während die Auflösung durch Eröffnung des Insolvenzverfahrens von Amts wegen eingetragen wird, ist insbesondere die durch Beschluss der Mitgliederversammlung, durch Ablauf der in der Satzung bestimmten Zeitdauer oder durch Eintritt sonst in der Satzung angegebener Gründe eingetretene Auflösung vom Vorstand beim zuständigen Registergericht anzumelden. Die Anmeldung bedarf **öffentlicher** (regelmäßig notarieller) **Beglaubigung** (vgl. S. 8). Der Anmeldung der Auflösung ist eine Abschrift des Auflösungsbeschlusses bzw. der Nachweis eines sonstigen Auflösungsgrundes beizufügen.

In der Anmeldung sind die Liquidatoren und deren Vertretungsbefugnis aufzunehmen, unabhängig davon, ob sich inhaltlich Änderungen zur gesetzlichen Vertretungsregelung ergeben.

Die Beendigung der Liquidation und das Erlöschen des Vereins sind regelmäßig erst nach Ablauf des Sperrjahres anzumelden (siehe oben), wenn das vorhandene Vermögen dem Anfallberechtigten ausgekehrt wurde. Diese Anmeldung ist Aufgabe der Liquidatoren. Ist (schon zu Beginn der Auflösung) kein Vereinsvermögen (mehr) vorhanden, kann diese Anmeldung ausnahmsweise auch vorher, ggf. zeitgleich mit der Anmeldung über die Auflösung erfolgen. In der Regel wird hier zu versichern sein, dass kein Vereinsvermögen vorhanden ist und keine Klagen anhängig sind.

⚠ WICHTIG

Wichtig für das Steuerrecht: Die Auflösung ist dem zuständigen Finanzamt binnen eines Monats anzuzeigen.

4. Sonstige Beendigungsgründe

a) Verzicht auf die Rechtsfähigkeit

Neben der dargestellten Auflösung des Vereins ist – quasi als „umgekehrter Weg" zur Umwandlung eines nicht eingetragenen in einen eingetragenen Verein – grds. auch der sogenannte Verzicht auf die Rechtsfähigkeit möglich. Der Verein besteht dann als „nicht rechtsfähiger Verein" fort. Für den hierzu zu fassenden Beschluss der Mitgliederversammlung sollte die Mehrheit, die für die Auflösung des Vereins vorgesehen ist, gewahrt werden. Sollte der Verein Grundstückseigentümer oder Berechtigter von im Grundbuch eingetragenen Rechten sein, kann dieser Weg u. U. verschlossen oder doch sehr kritisch sein. Vorherige Beratung tut hier Not!

b) Entziehung der Rechtsfähigkeit

Sinkt die Zahl der Vereinsmitglieder unter drei, **kann** das zuständige Amtsgericht dem Verein die Rechtsfähigkeit entziehen. Die Entziehung erfolgt auf Antrag des Vorstandes oder von Amts wegen. In keinem Fall verliert der Verein seine Rechtsfähigkeit von selbst, solange nur ein Mitglied vorhanden ist.

c) Verschmelzung (u. a.)

Nicht selten beschließen Vereine, die derselbe oder jedenfalls ein ähnlicher Zweck eint, sich zusammenzuschließen. Dies kann „einfach" durch Auflösung eines Vereins unter Beitritt der Mitglieder zum anderen Verein erfolgen. Die Zusammenführung der Vereinsvermögen und der organische Fortbestand beider Vereine werden dadurch aber nicht erreicht. Dies ist nur im Wege einer „Verschmelzung" nach dem sog. Umwandlungsgesetz möglich. Durch die Verschmelzung geht ein Verein komplett auf einen anderen Verein über oder beide Vereine gründen gemeinsam einen neuen Verein.

Der Verschmelzungsvorgang selbst erfolgt durch Abschluss eines Verschmelzungsvertrags zwischen den Vereinen, der der **notariellen Beurkundung** bedarf. Dieser Vertrag wird wirksam, sobald die Mitglieder der beteiligten Vereine durch Beschluss (der ebenfalls notarieller Beurkundung bedarf) zustimmen. Für den Beschluss ist, soweit die Satzung nichts anderes bestimmt, eine Mehrheit von drei Vierteln der erschienenen Mitglieder nötig.

 TIPP

Wegen der komplexen rechtlichen und steuerlichen Fragestellungen bei derartigen Vorgängen empfiehlt sich hier in jedem Fall die vorherige Beratung durch einen Notar, Rechtsanwalt und/oder ggf. Steuerberater.

6 „Geht's auch steuerlich gut?": Verein und Finanzamt

Das Steuerrecht wurde schon mehrfach angeschnitten. In der Tat sind die steuerrechtlichen Fragen für die finanziellen Belange des Vereins in weiten Bereichen von großer Bedeutung. Umfangreiche Hilfestellungen bieten hierzu die „Steuertipps für Vereine" des Bayerischen Staatsministeriums der Finanzen, die Sie über Ihr Finanzamt oder über die Internetseite https://www.bestellen.bayern.de beziehen können. Einige grundlegende Fragestellungen sollen hier kurz angesprochen werden:

1. Gemeinnützigkeit

Die Gemeinnützigkeit ist für die Geldbeschaffung vieler Vereine von ausschlaggebender Bedeutung. (Nur) gemeinnützige Vereine können **Zuwendungsbescheinigungen** ausstellen, die den steuerlichen Abzug von Zuwendungen an den Verein ermöglichen.

a) Voraussetzungen

Gemeinnützig sind Vereine, die **ausschließlich und unmittelbar gemeinnützige, mildtätige oder kirchliche Zwecke verfolgen:**

- Gemeinnützige Ziele sind zu bejahen, wenn die Tätigkeit des Vereins darauf gerichtet ist, die Allgemeinheit auf materiellem, geistigem oder sittlichem Gebiet selbstlos zu fördern.
- Werden hilfsbedürftige Personen selbstlos unterstützt, liegen mildtätige Zwecke vor.
- Kirchliche Zwecke sind gegeben, wenn eine Religionsgemeinschaft (die Körperschaft des öffentlichen Rechts ist) selbstlos gefördert wird.

Für die steuerliche Anerkennung ist dabei nicht nur die ordnungsgemäße Ausgestaltung der Satzung maßgeblich, sondern auch die tatsächliche **„Geschäftsführung".** Beides muss durchgehend den Voraussetzungen für die Steuerbegünstigung entsprechen, um diese nicht, ggf. sogar von Beginn an, wieder zu verlieren. Bei der tatsächlichen Ausgestaltung des Vereinslebens ist daher die gleiche Sorgfalt aufzuwenden wie bei der Gestaltung der Satzung (siehe oben S. 6).

Von zentraler Bedeutung im täglichen Vereinsleben ist die stets „selbstlose" Verwendung der Mittel des Vereins, also deren Nutzung zur Verfolgung **nicht in erster Linie eigenwirtschaftlicher Zwecke.** Der Verein sollte daher weder eigenes Vermögen anhäufen, noch (laufend) Gewinne erwirtschaften, die nicht für die satzungsgemäßen steuerbegünstigten Zwecke eingesetzt werden.

Zur Selbstlosigkeit gehört auch die **zeitnahe Verwendung** aller Mittel nur für die satzungsmäßigen Zwecke des Vereins. Hierzu gehört zunächst insbesondere, dass Mitglieder – auch beim Ausscheiden aus dem Verein oder bei dessen Auflösung – keine Anteile am Vermögen des Vereins bekommen dürfen. Daneben muss der Verein grundsätzlich „sparsam" wirtschaften: Seine Ausgaben müssen wirtschaftlich sinnvoll und in der Höhe angemessen sein.

Schließlich sind Gelder grundsätzlich spätestens in den auf den Zufluss folgenden zwei Kalender- oder Wirtschaftsjahren (für die steuerbegünstigten satzungsmäßigen Zwecke) zu verwenden.

Rücklagen sind nach den Vorgaben der Abgabenordnung nur eingeschränkt zulässig: Freie Rücklagen dürfen nur bis zu einer Grenze von 10 % der zeitnah zu verwendenden Mittel (und ggf. einem Drittel der Erträge der Vermögensverwaltung) gebildet werden. Daneben können (neben etwaigen betrieblich gebundenen Rücklagen) – grundsätzlich ohne diese Höhenbegrenzung – projektgebundene Rücklagen gebildet werden, wenn mit ihnen innerhalb eines angemessenen Zeitraums konkret geplante, dem Zweck nachhaltig dienende Vorhaben finanziert werden sollen. Bei Fehlern drohen Schwierigkeiten mit der (weiteren) Anerkennung der Gemeinnützigkeit.

Im Übrigen darf der Verein sein Vermögen nur durch gezielte Zuwendungen zur Vermögensaufstockung, z. B. durch Erbschaft, Schenkungen oder zweckgebundene Spenden erhöhen.

b) Verfahren

Bei Neugründungen erteilt das zuständige Finanzamt dem Verein nach Vorlage einer ordnungsgemäßen Satzung auf Antrag einen sog. Feststellungsbescheid („60a-Bescheid"), in dem bestätigt wird, dass die Satzung den gemeinnützigkeitsrechtlichen Voraussetzungen entspricht. Wird ein solcher Antrag nicht gestellt, erhält der Verein den Bescheid ohne gesonderten Antrag (bei Erfüllung der Voraussetzungen) bei der Veranlagung zur Körperschaftsteuer.

Dieser Bescheid berechtigt den Verein (für maximal drei Jahre ab Datum des Bescheids) zur Ausstellung von Zuwendungsbestätigungen für (ab Ergehen des Bescheids bzw. ab dem dort genannten Datum erhaltene) Spenden.

In der Regel überprüft das Finanzamt nach spätestens zwei Jahren erstmals, ob die tatsächliche Geschäftsführung des Vereins seinem Satzungszweck entspricht. Erfüllt die tatsächliche Geschäftsführung den Satzungszweck, wird der sog. Körperschaftsteuerfreistellungsbescheid erteilt, aus dem die „Anerkennung" der Gemeinnützigkeit der Körperschaft hervorgeht. Weitere Überprüfungen des Finanzamts erfolgen in der Regel alle drei Jahre.

Bei Unklarheiten über das zuständige Finanzamt hilft die Online-Suche des Bundeszentralamtes für Steuern unter www.bzst.de/DE/Service/Behoerdenwegweiser/Finanzamtsuche/GemFa/finanzamtsuche_node.html.

2. Ertragsteuern/Verkehrsteuern/ sonstige Steuern

a) Ertragsteuern

Gemeinnützige Vereine sind grundsätzlich von der Körperschaftsteuer und der Gewerbesteuer **befreit.** Dies gilt insbesondere für ihre ideelle Tätigkeit, ihre Zweckbetriebe und ihre Vermögensverwaltung. Die Steuerbefreiung erstreckt sich dagegen nicht auf Nebentätigkeiten des Vereins, die einen steuerpflichtigen wirtschaftlichen Geschäftsbetrieb bilden. Hier besteht eine Besteuerungsfreigrenze von 45.000,– EUR: Bleiben die Einnahmen (aus allen nichtgemeinnützigen wirtschaftlichen Geschäftsbetrieben zusammen, samt anteiligen Einnahmen aus Gemeinschaften und Personengesellschaften, die zweckfremde Nebentätigkeiten ausüben) unter diesem Betrag, sind sie körperschaft- und gewerbesteuerfrei, andernfalls sind sie in voller Höhe zu versteuern.

Kapitalerträge des Vereins, insbesondere Zinsen und Dividenden, unterliegen grundsätzlich dem „normalen" Steuerabzug von 25 % (**Abgeltungssteuer**). Der Einbehalt entfällt nur, wenn der Kapitalertrag zum steuerfreien Bereich (Vermögensverwaltung, Zweckbetrieb) eines gemeinnützigen Vereins gehört (von engen Ausnahmen in Bezug auf Aktiengeschäfte abgesehen). Hierzu ist der auszahlenden Stelle rechtzeitig ein Nachweis der Steuerbefreiung vorzulegen. Mögliche Nachweise sind:

- eine beglaubigte Kopie des zuletzt erteilten Freistellungsbescheids (der für einen nicht länger als fünf Jahre zurückliegenden Veranlagungszeitraum vor dem Zeitraum des Zuflusses der Kapitalerträge erteilt worden ist),
- eine beglaubigte Kopie des zuletzt erteilten Feststellungsbescheids nach § 60a AO (dessen Erteilung nicht länger als drei Kalenderjahre zurückliegt) oder
- eine beim Finanzamt zu beantragende Nichtveranlagungs-Bescheinigung nach § 44a Abs. 4 EStG.

b) Verkehrsteuern, Sonstiges

Das **Umsatzsteuerrecht** kennt keine generelle Befreiung von Vereinen. Viele Tätigkeiten, die für Vereine typisch sind, sind aber steuerbefreit oder im Zweckbetrieb mit dem ermäßigten Steuersatz von 7 % belegt.

Umsatzsteuerfrei sind nach den gesetzlichen Bestimmungen insbesondere:

- Vorträge, Kurse und ähnliche Veranstaltungen wissenschaftlicher oder belehrender Art, wenn sie von einem gemeinnützigen Verein durchgeführt und die Einnahmen überwiegend zur Deckung der Unkosten verwendet werden,
- kulturelle und sportliche Veranstaltungen, die gemeinnützigen Zwecken dienen, soweit das Entgelt in Teilnehmergebühren („Startgeld") besteht,
- Umsätze aus der Führung von Orchestern, Chören und Ähnlichem, wenn der Verein durch eine Bescheinigung des Bezirks nachweist, dass er die gleichen kulturellen Aufgaben wie entsprechende staatliche bzw. kommunale Einrichtungen erfüllt.

Nicht zum Unternehmensbereich gehören ideelle Tätigkeiten. Sie unterliegen nicht der Umsatzbesteuerung.

Greift keine generelle Steuerfreiheit, werden viele Vereine trotzdem keine Umsatzsteuer zu zahlen haben, da sie als „Kleinunternehmer" anzusehen sind. Dies liegt vor, wenn der (Brutto-)Umsatz im Vorjahr nicht über 22.000,– EUR lag und im laufenden Jahr voraussichtlich 50.000,– EUR nicht übersteigen wird. Wird die 22.000,– EUR-Grenze nie überschritten, wird also unabhängig von der Art der Tätigkeit nie Umsatzsteuer fällig.

Schenkung- und Erbschaftsteuer für Zuwendungen an den Verein sind von ihm dann nicht zu entrichten, wenn er steuerbegünstigte Zwecke verfolgt (und die Zuwendung nicht in einen steuerpflichtigen wirtschaftlichen Geschäftsbetrieb fällt). **Mitgliedsbeiträge** sind bei gemeinnützigen Vereinen immer schenkungsteuerfrei, sonst können sie steuerpflichtig sein, wenn sie 300,– EUR im Jahr überschreiten.

Keine Besonderheiten gelten für die **Grunderwerbsteuer,** während der Verein von der **Grundsteuer** befreit sein kann. Hierüber entscheidet das Finanzamt auf Antrag im Grundsteuermessbetragsverfahren.

Vorsicht gilt bei einer Ausspielung (Tombola): Übersteigt der Gesamtpreis der Lose 1.000,– EUR,, kann **Lotteriesteuer** anfallen. Eine Ausnahme besteht grds. dann, wenn bei einer öffentlichen (genehmigten!) Ausspielung zu ausschließlich gemeinnützigen, mildtätigen oder kirchlichen Zwecken nicht mehr als 40.000 Euro Gesamteinnahmen erzielt werden und der Reinertrag für die genannten Zwecke verwendet wird. Die rechtlichen und steuerlichen Einzelheiten sollten unbedingt vor der Durchführung geklärt werden.

3. Eine Auswahl weiterer Fragen

a) „Spendenquittungen"

Zuwendungsbescheinigungen („Spendenquittungen") dürfen für freiwillige Zuwendungen, vor allem Geld- und Sachspenden (zum Teil auch Mitgliedsbeiträge) für die steuerbegünstigten Zwecke eines Vereins ausgestellt werden. Dafür sind grundsätzlich die von den Finanzverwaltungen bereitgestellten und dort zu beziehenden **Muster** zu verwenden. Bis zu einem Betrag von 300,– EUR kann beim Zuwendenden auch ein Rechnungs- oder Einzahlungsbeleg der Bank anerkannt werden.

Besondere Voraussetzungen bestehen für **„Aufwandsspenden".** Voraussetzung für deren Zuwendungsfähigkeit ist ein tatsächlich bestehender, durch Vereinsrecht oder Beschluss festgelegter Ersatzanspruch, der vor Entstehung des Aufwandes begründet wurde und der vom Verein auch tatsächlich hätte beglichen werden können. Auf diesen Anspruch muss freiwillig verzichtet sein.

⚠ **WICHTIG**

Vorsicht bei der Ausstellung von Spendenquittungen! Die sorgfältige Bearbeitung ist nicht nur für die steuerliche Anerkennung maßgeblich, sondern schützt auch vor einer Haftung des Ausstellers für unrichtige Bestätigungen.

☞ **TIPP**

Über Mitgliedsbeiträge dürfen „Zuwendungsbescheinigungen" bei Vereinen, die mildtätige, kirchliche, religiöse oder wissenschaftliche Zwecke fördern, stets erteilt werden. Bei Vereinen dagegen, die vor allem (auch) dem Sport, der kulturellen Freizeitgestaltung und der Heimatpflege und -kunde dienen, dürfen sie nie erteilt werden.

b) Sponsoring

Zunehmende Bedeutung hat in den letzten Jahren das sog. „Sponsoring“ erfahren. Will ein förderndes Unternehmen durch Zuwendungen an den Verein für sein Unternehmen oder seine Produkte werben, z. B. durch Hinweise auf den Sponsor auf Plakaten, Veranstaltungshinweisen, in Ausstellungen oder auf ähnliche Weise, können diese „Sponsoring-Leistungen“ je nach Sachverhalt steuerfreie Einnahmen im ideellen Bereich (Zuwendungen), steuerfreie Einnahmen aus der Vermögensverwaltung (Rechtenutzung) oder steuerpflichtige Einnahmen eines wirtschaftlichen Geschäftsbetriebs (Werbeleistung) sein. Unabhängig davon ist die steuerliche Beurteilung beim Sponsor. Zu Einzelheiten ist steuerlicher Rat dringend zu empfehlen.

c) Aufwendungsersatz, Übungsleiterfreibetrag und „Ehrenamtspauschale“

Wer für einen steuerbegünstigten (gemeinnützigen, mildtätigen oder kirchlichen) Verein nebenberuflich künstlerisch (z. B. als Chorleiter oder Dirigent) als Übungsleiter, Ausbilder, Erzieher, Betreuer o. Ä. tätig wird, kann für daraus erzielte Einnahmen den sog. **„Übungsleiterfreibetrag“** in Anspruch nehmen. Danach bleiben Einnahmen aus solchen Tätigkeiten bis 3.000,– EUR jährlich steuerfrei. Personen, die den Verein in seinem steuerbegünstigten Bereich in anderen Tätigkeiten nebenberuflich unterstützen (z. B. als Vorstand, Gerätewart oder Kassier), können eine angemessene Vergütung für ihre Tätigkeit als **„Ehrenamtspauschale“** erhalten. Die Vergütung bleibt bei dem Empfänger bis zu einem Freibetrag in Höhe von 840,– EUR steuerfrei. Um angemessen zu sein, sollte sich die Höhe der Vergütung höchstens an dem orientieren, was der Verein einem Nichtmitglied für dieselbe Tätigkeit üblicherweise zu bezahlen hätte.

Aufgrund eines bloßen Beschlusses des zuständigen Gremiums (im Zweifel ist dies die Mitgliederversammlung), also auch ohne Satzungsbestimmung, ist die Zahlung einer solchen Ehrenamtspauschale nur für andere Tätigkeiten als die eines Vorstandsmitglieds zulässig. Für Vorstandsmitglieder ist eine Satzungsregelung unentbehrlich. Beachte: Ohne Satzungsgrundlage an Vorstände bezahlte (und/oder unangemessen hohe) Leistungen gefährden die Gemeinnützigkeit!

Anders als die Zahlung einer derartigen Vergütung ist der **Ersatz tatsächlich entstandener Auslagen** stets ohne entsprechende Satzungsregelung zulässig.

⚠ WICHTIG

Für ein- und dieselbe Tätigkeit können durch die für den Verein tätigen Personen nicht die Ehrenamtspauschale und zugleich der Übungsleiterfreibetrag in Anspruch genommen werden.

Weitergehende Informationen zur Ehrenamtspauschale sind einem Merkblatt der Finanzverwaltung, das auch in der Broschüre „Steuertipps für Vereine“ enthalten ist, zu entnehmen.

7 „Wenn's ums Geld geht ...": Kostenfragen

1. Grundsätzliches

Die Kosten von Registergericht und Notar, die insbesondere bei der Neueintragung eines Vereins, bei Satzungsänderungen und bei Vorstandswechseln tätig werden, sind gesetzlich verbindlich durch das Gerichts- und Notarkostengesetz (GNotKG) geregelt. Die zu erhebenden Kosten werden danach grds. (pauschaliert) nach Art und (wirtschaftlicher) Bedeutung eines Vorganges bemessen.

Während das GNotKG für die Gerichte Festgebühren in Vereinsregistersachen eingeführt hat, hängen die Notarkosten von der Art des Geschäftes und dem „Geschäftswert" ab. Die Art des Geschäftes ist für den anzuwendenden Gebührensatz maßgeblich, der Geschäftswert bestimmt sich nach der wirtschaftlichen Bedeutung eines Vorganges. Durch die Kombination dieser beiden Elemente können sich bei ein- und demselben Vorgang (z. B. einer Vorstandsänderung) je nach Größe, Bedeutung und Finanzkraft einer Organisation unterschiedliche Gebühren von Verein zu Verein errechnen. In den weitaus meisten Fällen der Vereinsregisteranmeldungen, insbesondere bei gemeinnützigen Vereinen überschaubarer Größe als „Durchschnittsfall", wird als Ausgangspunkt für die Kostenrechnung der sog. „Regelwert" anzusetzen sein. Er beträgt 5.000,– EUR.

Vereinen, die **ausschließlich und unmittelbar mildtätige oder kirchliche Zwecke** im Sinne der Abgabenordnung verfolgen, ist eine Gebührenermäßigung zu gewähren, wenn die genannten Voraussetzungen durch eine entsprechende Bescheinigung des Finanzamts nachgewiesen werden und dargelegt wird, dass die Angelegenheit nicht einen steuerpflichtigen wirtschaftlichen Geschäftsbetrieb betrifft. Diese Gebührenermäßigung gilt jedoch nicht für „sonstige" gemeinnützige Vereine.

2. Anfallende Kosten

a) Vereinsregisteranmeldungen und Eintragungen

Die folgende Tabelle soll einen Überblick über die **zu erwartenden** Gerichts- und Notarkosten **in typischen Vereinsregistervorgängen (Anmeldekosten beim Notar, Eintragungskosten bei Gericht)** verschaffen.

Da die beim Notar anfallenden Kosten davon abhängen, ob der Notar den Text der zu beglaubigenden Vereinsregisteranmeldung selbst entwirft oder „nur" die Unterschriften auf einem vom Verein selbst gelieferten Text beglaubigt, sind hier stets zwei Werte zu finden. Bei Fertigung der Anmeldung durch den Notar sind in der anfallenden Gebühr auch die Einreichung des Antrags beim Registergericht, die Überwachung des Vollzuges und die Überprüfung der Eintragung enthalten.

Im Falle der **reinen Unterschriftsbeglaubigung** erhält der Notar eine Gebühr nach dem Gebührensatz von 0,2 (mindestens 20,– EUR, höchstens 70,– EUR). Hat er auch den Text der Anmeldung **selbst entworfen,** erhält er eine Gebühr nach dem Gebührensatz von 0,5 (mindestens 30– EUR). Dazu kommen meist Gebühren für die elektronische Übermittlung der Unterlagen an das Gericht – bei einem Geschäftswert von 5.000, – EUR (siehe unten) sind das je nach Sachverhalt 15, – EUR bis 42,50 EUR – sowie einige Euro für elektronisches Urkundenarchiv, Kopierkosten (sog. „Dokumentenpauschale") und Porto. Auf die Notargebühren fällt zudem Umsatzsteuer an.

Bei der Kombination verschiedener Anmeldevorgänge (z. B. Satzungsänderung und Vorstandswechsel) sind die Gebühren beim Notar nicht zu addieren. Vielmehr fällt eine Gebühr aus einem (u. U.) erhöhten Wert an. Das ist stets günstiger als die Summe der oben genannten einzelnen Gebühren. Auch bei der Anmeldung des **Wechsels mehrerer Vorstandsmitglieder** kann es – auch bei „kleinen" Vereinen – zu einem höheren Wertansatz und dadurch zu höheren Gebühren kommen. So führen beispielsweise 10.000,– EUR Wertansatz bei Erstellung des Entwurfs durch den Notar zu Kosten von 37,50 EUR, statt 30,– EUR beim „Regelwert" von 5.000,– EUR.

c) Sonderfälle

Wird das Gericht in Sonderfällen tätig, wie z. B. bei der Bestellung eines Notvorstandes oder der Ermächtigung einer Minderheit der Vereinsmitglieder zur Einberufung einer Mitgliederversammlung, wird eine 2,0-Gebühr aus dem maßgeblichen Geschäftswert (bei 5.000,– EUR Regelwert sind dies 90,– EUR) erhoben. Bei der Notvorstandsbestellung tritt daneben die Eintragungsgebühr von 50,– EUR. Für das Verfahren zur Entziehung der Rechtsfähigkeit des Vereins wird eine 1,0-Gebühr fällig. Der notariellen Anmeldung bedürfen solche Vorgänge nicht, so dass Notarkosten nicht anfallen.

Vorgang	Vereinsregister	Notar	
	EUR Festgebühr (unabhängig vom Geschäftswert)	Gebührensatz	EUR bei Regelwert
Neugründung	100,– EUR	nur Beglaubigung: 0,2 mit Text-Erstellung: 0,5	20,– EUR 30,– EUR
Satzungsänderung	66,67 EUR	nur Beglaubigung: 0,2 mit Text-Erstellung: 0,5	20,– EUR 30,– EUR
Satzungsneufassung	66,67 EUR	nur Beglaubigung: 0,2 mit Text-Erstellung: 0,5	20,– EUR 30,– EUR
Ausscheiden/Neueintragung eines Vorstandes	66,67 EUR	nur Beglaubigung: 0,2 mit Text-Erstellung: 0,5	20,– EUR 30,– EUR
Auflösung	66,67 EUR	nur Beglaubigung: 0,2 mit Text-Erstellung: 0,5	20,– EUR 30,– EUR
Löschung/Fortsetzung als nichtrechtsfähiger Verein	Kostenfrei	nur Beglaubigung: 0,2 mit Text-Erstellung: 0,5	20,– EUR 30,– EUR

b) Registerauszüge, Bescheinigungen

Auszüge aus dem elektronischen Vereinsregister können über die Internetseiten der Justiz (www.handelsregister.de) kostenfrei und ohne Anmeldung jederzeit selbst eingeholt werden. Fordert der Verein beim Registergericht eine Ablichtung aus dem Vereinsregister („Registerauszug") an, wird für unbeglaubigte Auszüge eine Gebühr von 5, – EUR (elektronischer Auszug) bzw. 10,– EUR (Papierauszug) und für beglaubigte Auszüge eine Gebühr von 10, – EUR (elektronischer Auszug) bzw. 20,– EUR (Papierauszug) berechnet. Für eine Bescheinigung, dass der Vorstand des Vereins aus den im Vereinsregister eingetragenen Personen besteht, fallen 20,– EUR an.

⚠ **WICHTIG**

Häufig noch vor der Kostenrechnung der Justiz (oder der des Notars) erhalten Vereine, die eine Registereintragung veranlasst haben, zahlreiche Angebote, Zahlungsaufforderungen bzw. Rechnungen und Überweisungsträger, die teilweise den Anschein amtlicher Formulare erwecken. In Wirklichkeit handelt es sich bei ihnen um (rechtlich unverbindliche) Angebote privater Register, Verzeichnisse oder Online-Dienste, die für sich allein keinerlei Rechtswirkungen entfalten. Sämtliche Rechnungen für die bayerischen Onlinedienste und auch für Eintragungen in das Vereinsregister der bayerischen Gerichte werden (ausschließlich) von der Landesjustizkasse Bamberg erstellt. Deren aktuelle Bankverbindung findet sich im Internet unter der Adresse www.justiz.bayern.de/gerichte-und-behoerden/oberlandesgerichte/bamberg/spezial_1.php.

3. Streit über die Kosten

Sollte im Einzelfall Streit über die zu erhebenden Gebühren entstehen, der sich (ausnahmsweise) auch im Gespräch mit dem zuständigen Rechtspfleger beim Registergericht oder mit dem Notar nicht bereinigen lässt, kann sich der Verein gerichtlich in einer sog. Erinnerung gegen die Kostenfestsetzung des Registergerichts wehren. Über diese entscheidet das Gericht selbst. Die dagegen gerichtete Beschwerde, über die das Landgericht zu entscheiden hätte, ist nur zulässig, wenn im Einzelfall eine Änderung der Gebühren um mehr als 200,– EUR angestrebt wird (oder sie das Ausgangsgericht wegen der grundsätzlichen Bedeutung zugelassen hat). In einem solchen Fall könnte das Landgericht ggf. auch die „weitere Beschwerde" zulassen. Diese Grenze wird aber in den wenigsten Fällen erreicht.

Gegen die **Kostenfestsetzung des Notars** kann der Verein in jedem Fall Antrag auf gerichtliche Entscheidung stellen, der beim Notar oder dem für ihn zuständigen Landgericht eingereicht werden kann. In den weitaus meisten Fällen indes wird – wie schon dargestellt – ein klärendes Gespräch helfen.

8 „Noch Fragen?“

Es ist klar, dass diese Broschüre nur einen „ersten Einstieg“ ins Vereinsrecht liefern kann. Für Fragen und Hilfestellungen können sich Vereine und ihre Vorstände regelmäßig auch an die für sie zuständigen Registergerichte, ihre Notare und Rechtsanwälte oder Steuerberater wenden. Über die Internetseiten des Bayerischen Staatsministeriums der Justiz (www.justiz.bayern.de) und des Bayerischen Staatsministeriums für Finanzen und für Heimat (www.stmfh.bayern.de) finden sich zahlreiche Hilfestellungen, die teilweise auch schon beschrieben sind. Die nächsten Notare finden Sie unter www.notare.bayern.de.

Häufig sind Informationen auch über Dachverbände, denen ein neuer Verein beitreten will, zu erhalten.

Daneben gibt es im Buchhandel eine Auswahl von Werken zum Vereinsrecht, die sich teils an „Laien“, teils „streng juristisch“ an Rechtsberater und Gerichte wenden.

Anhang
Muster 1: Satzung

§ 1. Name, Sitz, Geschäftsjahr

1. Der Verein führt den Namen ____________________.
2. Er soll in das Vereinsregister eingetragen werden. Mit Eintragung führt er den Namenszusatz „e. V.".
3. Sitz des Vereins ist ____________________.
4. Geschäftsjahr ist das Kalenderjahr.

§ 2. Zweck des Vereins

1. Zweck des Vereins ist ____________________.
2. Der Zweck des Vereins wird verwirklicht insbesondere durch ____________________.
3. Der Verein verfolgt ausschließlich und unmittelbar gemeinnützige/mildtätige/kirchliche Zwecke im Sinne des Abschnitts „Steuerbegünstigte Zwecke" der Abgabenordnung.
   Der Verein ist selbstlos tätig, er verfolgt nicht in erster Linie eigenwirtschaftliche Zwecke. Mittel des Vereins dürfen nur für die satzungsmäßigen Zwecke verwendet werden. Die Mitglieder erhalten keine Zuwendungen aus den Mitteln des Vereins. Es darf keine Person durch Ausgaben, die dem Zweck des Vereins fremd sind, oder durch unverhältnismäßig hohe Vergütungen begünstigt werden.
4. Der Vorstand ist grundsätzlich ehrenamtlich tätig. Die Mitgliederversammlung kann eine jährliche angemessene pauschale Tätigkeitsvergütung für Vorstandsmitglieder beschließen.

§ 3. Mitgliedschaft

1. Mitglied des Vereins kann jede natürliche und juristische Person werden.
2. Der Antrag auf Aufnahme in den Verein ist an den Vorstand zu richten. Der Vorstand entscheidet über die Aufnahme.
3. Die Mitgliedschaft endet durch Tod, bei juristischen Personen deren Erlöschen, Austritt oder Ausschluss.
4. Der Austritt ist schriftlich gegenüber dem Vorstand zu erklären. Er ist nur mit einer Frist von zwei Monaten zum Ende eines Kalenderjahres zulässig.
5. Ein Mitglied kann aus dem Verein ausgeschlossen werden, wenn es in grober Weise gegen die Vereinsinteressen verstoßen hat oder wenn es mit mindestens einem Jahresbeitrag mit mehr als sechs Monaten in Verzug ist. Über einen Ausschluss entscheidet der Vorstand. Dem Auszuschließenden ist vor der Beschlussfassung Gelegenheit zur Stellungnahme zu geben; der Ausschluss wegen Zahlungsverzuges ist mit einer Frist von drei Monaten schriftlich anzudrohen.
6. Gegen die Ablehnung der Aufnahme und gegen den Ausschluss aus dem Verein kann die betroffene Person binnen eines Monats nach Zugang der Entscheidung Beschwerde einlegen. Über die Beschwerde entscheidet die nächste Mitgliederversammlung. Die Beschwerde gegen den Ausschluss hat aufschiebende Wirkung.
7. Die Mitgliederversammlung kann jede natürliche und juristische Person, die sich besonders um den Verein verdient gemacht hat, zum Ehrenmitglied ernennen.

§ 4. Mitgliedsbeiträge

1. Von den Mitgliedern wird ein Geldbetrag als regelmäßiger Jahresbeitrag erhoben. Über dessen Höhe und Fälligkeit bestimmt die Mitgliederversammlung.
2. Ehrenmitglieder haben keine Beiträge zu leisten.

§ 5. Organe des Vereins

Organe des Vereins sind der Vorstand und die Mitgliederversammlung.

§ 6. Vereinsvorstand

1. Der Vorstand des Vereins besteht aus vier bis sechs Personen, nämlich 1. und 2. Vorsitzenden, Schatzmeister, Schriftführer und bis zu zwei Beisitzern.
2. Der Verein wird gerichtlich und außergerichtlich durch zwei Mitglieder des Vorstands gemeinsam vertreten. **Oder:** *Jedes Vorstandsmitglied ist einzeln zur Vertretung des Vereins berechtigt.*
3. Der Vorstand wird von der Mitgliederversammlung auf _____ (z. B.: zwei oder drei) Jahre gewählt. Die Vorstandsmitglieder bleiben auch nach dem Ablauf ihrer Amtszeit bis zur erfolgreichen Neuwahl des Vorstands im Amt. Scheidet ein Mitglied des Vorstands während der Amtsdauer aus, kann der Vorstand für die restliche Amtsdauer des Ausgeschiedenen ein Ersatzmitglied bestellen.
4. Wählbar sind nur Vereinsmitglieder. Die Vereinigung mehrerer Vorstandsämter in einer Person ist nicht zulässig.
5. Die Mitgliederversammlung kann den Vorstand insgesamt oder einzelne Vorstandsmitglieder im Einzelfall oder generell von den Beschränkungen des § 181 BGB in der Form der Mehrfachvertretung befreien.

§ 7. Zuständigkeit des Vorstandes

1. Der Vorstand ist für alle Angelegenheiten des Vereins zuständig, die nicht durch gegenwärtige Satzung einem anderen Vereinsorgan zugewiesen sind. Er hat insbesondere folgende Aufgaben:
   a) Vorbereitung der Mitgliederversammlung und Aufstellung der Tagesordnung,
   b) Einberufung der Mitgliederversammlung,
   c) Ausführung der Beschlüsse der Mitgliederversammlung,
   d) Verwaltung des Vereinsvermögens und Buchführung,
   e) Erstellung der Jahreshaushaltspläne und der Jahresberichte,
   f) Beschlussfassung über Aufnahme und Ausschluss von Mitgliedern.
2. Der Vorstand ist (neben der Mitgliederversammlung) auch zuständig für Satzungsänderungen, die nach Auffassung des Vereinsregisters oder des zuständigen Finanzamts für Körperschaften für die Eintragung des Vereins oder einer beschlossenen Satzungsänderung bzw. für die (weitere) Anerkennung des Vereins als gemeinnützig notwendig sind. (***Wenn gewünscht:*** *Solche Satzungsänderungen dürfen die Bestimmungen über den Vereinszweck, über das Verfahren bei Wahlen und Beschlüssen und über den Anfall des Vereinsvermögens bei Auflösung des Vereins nicht inhaltlich ändern.)* Sie sind den Mitgliedern unverzüglich, spätestens mit Einladung zur nächsten Mitgliederversammlung bekannt zu machen.

§ 8. Beschlussfassung des Vorstandes

1. Der Vorstand fasst seine Beschlüsse in Vorstandssitzungen oder auf schriftlichem Wege.
2. Vorstandssitzungen sind vom 1. Vorsitzenden, bei dessen Verhinderung vom 2. Vorsitzenden in Textform oder (fern-) mündlich unter Einhaltung einer Einberufungsfrist von einer Woche einzuberufen. Der Mitteilung einer Tagesordnung bedarf es nicht. Sitzungsleiter ist der 1. Vorsitzende, bei dessen Verhinderung der 2. Vorsitzende. Im Übrigen wird der Sitzungsleiter aus der Mitte der anwesenden Vorstandsmitglieder gewählt.
3. Der Vorstand ist beschlussfähig, wenn mindestens zwei Mitglieder an der Sitzung teilnehmen . Er entscheidet mit einfacher Mehrheit der abgegebenen gültigen Stimmen. Bei Stimmengleichheit entscheidet die Stimme des Sitzungsleiters. Die Beschlussfähigkeit des Vorstandes setzt nicht voraus, dass sämtliche Vorstandsämter besetzt sind.
4. Über die Vorstandssitzungen ist ein Protokoll zu führen, das Ort und Zeit der Sitzung, Namen der Teilnehmer, gefasste Beschlüsse und Abstimmungsergebnis enthalten soll. Das Protokoll dient Beweiszwecken.
5. Ein Vorstandsbeschluss kann außerhalb einer Sitzung, mündlich, schriftlich, per E-Mail oder auf anderem Wege der elektronischen Kommunikation gefasst werden, wenn alle Vorstandsmitglieder ihre Zustimmung zu der Beschlussfassung erklären.

§ 9. Mitgliederversammlung

1. Die Mitgliederversammlung ist für folgende Angelegenheiten zuständig:
   a) Wahl und Abberufung der Vorstandsmitglieder und der Kassenprüfer,
   b) Beschlussfassung über Änderungen der Satzung,
   c) Beschlussfassung über die Auflösung des Vereins,
   d) Festsetzung der Höhe und der Fälligkeit des Jahresbeitrages,
   e) Beschlussfassung über Beschwerden gegen die Ablehnung eines Aufnahmeantrags und gegen einen Ausschließungsbeschluss des Vorstands,
   f) Ernennung von Ehrenmitgliedern,
   g) Genehmigung des Haushaltsplanes und Entgegennahme des Jahresberichts und sonstiger Berichte des Vorstands,
   h) Entlastung des Vorstands.
2. Einmal jährlich, möglichst im ersten Quartal eines Jahres, findet die ordentliche Mitgliederversammlung des Vereins statt. Weitere (außerordentliche) Mitgliederversammlungen sind einzuberufen, wenn es das Interesse des Vereins erfordert oder wenn die Einberufung von einem Zehntel der Mitglieder unter Angabe des Zwecks und der Gründe schriftlich vom Vorstand verlangt wird.
3. Über die Beschlüsse der Mitgliederversammlung ist ein Protokoll aufzunehmen, das von Versammlungsleiter und Protokollführer zu unterzeichnen ist. Protokollführer ist der Schriftführer, bei dessen Verhinderung bestimmt die Versammlung den Protokollführer. Das Protokoll soll Ort und Zeit der Versammlung, die Zahl der teilnehmenden Mitglieder, die Person von Versammlungsleiter und Protokollführer, die Tagesordnung, die gefassten Beschlüsse samt Art der Abstimmung und Abstimmungsergebnissen enthalten.

§ 10. Einberufung der Mitgliederversammlung

1. Die Mitgliederversammlung ist vom Vorstand unter Einhaltung einer Frist von zwei Wochen einzuberufen. Die Einberufung erfolgt schriftlich an die letzte vom Mitglied schriftlich bekanntgegebene Adresse unter Angabe der Tagesordnung. Mitgliedern, die dem Verein eine E-Mail-Adresse mitgeteilt haben, können auch elektronisch durch Übermittlung einer E-Mail an die zuletzt in Textform mitgeteilte E-Mail-Adresse geladen werden, wenn das Mitglied nicht in Textform anderes mitgeteilt hat. Die Ladungsfrist beginnt mit dem auf die Absendung der Einladung folgenden Tag.
2. Jedes Mitglied kann beantragen, dass weitere Angelegenheiten nachträglich auf die Tagesordnung gesetzt werden. Geht ein solcher Antrag spätestens eine Woche vor dem Tag der Mitgliederversammlung schriftlich beim Vorstand ein, ist die Tagesordnung zu Beginn der Mitgliederversammlung entsprechend zu ergänzen. Geht er später ein oder wird er erst in der Mitgliederversammlung gestellt, beschließt die Mitgliederversammlung über die Zulassung.

§ 11. Beschlussfassung der Mitgliederversammlung

1. Die Mitgliederversammlung ist beschlussfähig, wenn mindestens ______ (z. B. ein Zehntel) aller Vereinsmitglieder teilnimmt/teilnehmen. Bei Beschlussunfähigkeit hat der Vorstand innerhalb eines Monats eine zweite Mitgliederversammlung mit der gleichen Tagesordnung einzuberufen. Diese zweite Mitgliederversammlung ist ohne Rücksicht auf die Zahl der teilnehmenden Vereinsmitglieder beschlussfähig, wenn hierauf in der Einladung hingewiesen wurde. Für deren Ladung gelten im Übrigen die allgemeinen Ladungsbestimmungen.
2. Die Mitgliederversammlung wird vom 1. Vorsitzenden, bei dessen Verhinderung vom 2. Vorsitzenden geleitet. Ist auch der 2. Vorsitzende verhindert, bestimmt die Versammlung den Versammlungsleiter. Bei Wahlen kann die Versammlungsleitung für die Dauer des Wahlgangs und der vorhergehenden Aussprache einem anderen Vereinsmitglied oder einem Wahlausschuss übertragen werden.
3. In der Mitgliederversammlung hat jedes (Ehren-) Mitglied eine Stimme. Die Art der Abstimmung bestimmt der Versammlungsleiter.

4. Soweit in gegenwärtiger Satzung nicht ausdrücklich anders bestimmt, fasst die Mitgliederversammlung Beschlüsse mit der einfachen Mehrheit der abgegebenen Stimmen. Stimmenthaltungen gelten als nicht abgegebene Stimmen. Eine Mehrheit von drei Vierteln der abgegebenen Stimmen ist jedoch erforderlich für:
   a) die Änderung der Satzung,
   b) die Auflösung des Vereins,
   c) die Zulassung von nachträglichen Anträgen auf Ergänzung der Tagesordnung.
5. Für Wahlen gelten die Bestimmungen über die Beschlussfassung entsprechend. Der Versammlungsleiter kann dabei bestimmen, dass über mehrere zu wählende Ämter in einem Wahlgang abgestimmt wird. Erreicht jedoch im ersten Wahlgang kein Kandidat die absolute Mehrheit, ist die Wahl zu wiederholen. Erreicht auch im zweiten Wahlgang kein Kandidat die absolute Mehrheit, genügt im dritten und in weiteren Wahlgängen die einfache Mehrheit. Erreicht auch nach mindestens drei Wahlgängen kein Kandidat eine Mehrheit, kann der Versammlungsleiter bestimmen, dass das Los entscheidet.

§ 12. Kassenführung

1. Der Schatzmeister hat über die Kassengeschäfte Buch zu führen und eine Jahresrechnung zu erstellen.
2. Die Jahresrechnung wird von zwei Kassenprüfern geprüft, die von der Mitgliederversammlung gewählt werden. Für deren Wahl, Wählbarkeit und Amtsdauer gelten die Bestimmungen für Vorstandsmitglieder entsprechend. Die geprüfte Jahresrechnung ist der Mitgliederversammlung zur Beschlussfassung vorzulegen.

§ 13. Datenschutz

Im Rahmen der Mitgliederverwaltung und zur Erfüllung der Zwecke und Aufgaben des Vereins werden von den Mitgliedern folgende Daten erhoben und im Rahmen der Mitgliedschaft verarbeitet und gespeichert: *(Name, Vorname, Anschrift, ggf. (wenn nötig) Geburtsdatum, E-Mail-Adresse, ggf. Bankverbindung).*

§ 14. Auflösung des Vereins, Bekanntmachungen

1. Die Auflösung des Vereins kann nur in einer zu diesem Zweck einberufenen Mitgliederversammlung beschlossen werden.
2. Bei Auflösung des Vereins oder bei Wegfall steuerbegünstigter Zwecke fällt das Vermögen des Vereins an ... (Angabe einer steuerbegünstigten/gemeinnützigen Körperschaft oder einer juristischen Person des öffentlichen Rechts), der/die es unmittelbar und ausschließlich für gemeinnützige Zwecke zu verwenden hat.
   Oder: *Bei Auflösung des Vereins oder bei Wegfall steuerbegünstigter Zwecke fällt das Vermögen des Vereins an eine juristische Person des öffentlichen Rechts oder eine andere steuerbegünstigte Körperschaft zwecks Verwendung für ... (Angabe eines steuerbegünstigten/gemeinnützigen Zwecks).*
3. Liquidatoren sind der 1. und 2. Vorsitzende als je einzelvertretungsberechtigte Liquidatoren, soweit die Versammlung nichts anderes beschließt.
4. Bekanntmachungen des Vereins erfolgen nur im Bundesanzeiger.

Muster 2: Protokoll über die Gründung eines Vereins

Protokoll über die Gründung des Vereins ______________________

am ____________________ (Datum) in __________________________ (Versammlungslokal)

Am vorgenannten Tag und Ort fanden sich auf Einladung von Herrn/Frau _________ die in der beigefügten Anwesenheitsliste genannten _______ *(Zahl der Anwesenden)* Personen ein, um Beschluss über die Gründung eines Vereins für ____________________________ *(kurze Schilderung des Vereinszwecks)* zu fassen.

Herr/Frau ____________ eröffnete die Versammlung um _______ Uhr, begrüßte die Erschienenen und erläuterte den Zweck der Versammlung.

Er/Sie erklärte sich bereit, die Versammlungsleitung zu übernehmen. Dem stimmten die Anwesenden durch Zuruf einstimmig zu. Zum Protokollführer wurde durch Zuruf Herr/Frau _____________ gewählt, der/die das Amt annahm.

Der Versammlungsleiter gab sodann folgende Tagesordnung bekannt:

1. Beratung und Feststellung der Vereinssatzung
2. Wahl der Vorstandsmitglieder
3. Festsetzung des Mitgliedsbeitrages
4. Organisationsfragen
5. Sonstiges

Gegen die vorgeschlagene Tagesordnung erhob sich kein Widerspruch.

TOP 1:
Der Versammlungsleiter verlas und erläuterte die vorgeschlagene Satzung und eröffnete die Aussprache hierüber.

Nach Ende der Aussprache wurde die Satzung in der diesem Protokoll beigefügten Fassung zur Abstimmung gestellt.

Dazu wurde **einstimmig** durch Handzeichen folgender Beschluss gefasst:

Der Verein ____________ *(Name des Vereins)* wird gegründet. Ihm ist die vorliegende Satzung gegeben.

Es folgte die Feststellung des Versammlungsleiters, dass der Verein damit gegründet sei. Auf Bitten des Versammlungsleiters unterzeichneten alle Anwesenden die Satzung als Zeichen ihres Beitritts zum Verein.

TOP 2:
Die Wahl der Vorstandsmitglieder wurde durch Handzeichen durchgeführt. Sie hatte folgendes Ergebnis:

1. Vorsitzende(r): Herr/Frau ______________________________ einstimmig

(Entsprechend so für die weiteren Vorstandsämter)

Alle Gewählten nahmen die Wahl an.

TOP 3:
Der neugewählte Kassier, Herr/Frau ____________________ schlug vor, den Jahresbeitrag gemäß den Bestimmungen der Satzung zunächst wie folgt festzusetzen: ____________________

TOP 4:
Die/Der 1. Vorsitzende wird von allen Gründungsmitgliedern ermächtigt, Satzungsänderungen vorzunehmen, die nach Auffassung des Vereinsregisters oder des zuständigen Finanzamts für Körperschaften für die Eintragung des Vereins bzw. dessen Anerkennung als gemeinnützig notwendig sind. Derartige Satzungsänderungen dürfen die Bestimmungen über den Vereinszweck, über das Verfahren bei Wahlen und Beschlüssen und über den Anfall des Vereinsvermögens bei Auflösung des Vereins nicht inhaltlich ändern.

TOP 5:
Nach einer allgemeinen Aussprache über die zukünftige Ausrichtung und Tätigkeit des Vereins schloss der Leiter die Versammlung mit dem Dank an die Erschienenen um ____________ Uhr.

________________________, den ________________

____________________________________ ____________________________________

(Versammlungsleiter/1. Vorsitzender) (Protokollführer)

Muster 3: Neuanmeldung eines Vereins

Name: ________________________________

Sitz ________________________________

Anschrift: ________________________________

____

Die unterzeichnenden Vorstandsmitglieder des neugegründeten Vereins ________________________

mit dem Sitz in ______________

melden hiermit zur Eintragung in das Vereinsregister an:

Den Verein.

Die Mitglieder des Vorstandes, nämlich

1. ________________________
   geboren am ______________
   wohnhaft ________________________________
   als ________________[1]
2. ________________________
   geboren am ______________
   wohnhaft ________________________________
   als ________________[2]

Der Verein wird wie folgt vertreten:[3] ________________

Wir überreichen in der Anlage eine Abschrift der Satzung vom ____________ sowie des Protokolls der Gründungsversammlung, aus dem sich auch die Wahl der Mitglieder des Vorstandes ergibt.

Um Eintragungsnachricht an den Verein und den die Unterschriften beglaubigenden Notar wird gebeten.

________________, den ______________

____

[1] Funktion ergänzen.

[2] Funktion ergänzen.

[3] Hier ist die allgemeine Vertretungsregelung zu ergänzen.

Muster 4: Einladung zu einer Mitgliederversammlung

Verein ___________________________

Einladung
zu unserer am ________________ **(Datum)** um __________________ **(Uhrzeit)** in __________________ **(Ort und Versammlungslokal, falls keine rein virtuelle Mitgliederversammlung)** stattfindenden

Mitgliederversammlung
laden wir Sie ein.

Die Tagesordnung geben wir wie folgt bekannt:

1. Bericht des Vorstandes,
2. Entlastung des Vorstandes,
3. Änderung des § ______ der Satzung,
   (bisherige Fassung: ________, vorgeschlagene Fassung: _____________),
4. Neuwahl des gesamten Vorstandes,
5. Sonstiges.

Ggf. Hinweis, bis wann und an wen (in der Regel an den Vorstand) noch Anträge eingereicht werden können.

Bei hybrider/virtueller Mitgliederversammlung Mitteilung der Art der elektronischen Teilnahmemöglichkeit.

____
Ort, Datum

____
Unterschrift von Vorstandsmitgliedern
in vertretungsberechtigter Zahl

Muster 5: Protokoll einer Mitgliederversammlung mit Vorstandswahl und Satzungsänderung

Protokoll über die (außer-)ordentliche Mitgliederversammlung des Vereins

am ____________ um ________ Uhr in ______________________________
(falls keine rein virtuelle Mitgliederversammlung)

Versammlungsleitung: ________________________

Protokollführer: ______________________________

Der Versammlungsleiter eröffnete um _______ Uhr die Mitgliederversammlung. Nach Begrüßung der Erschienenen stellte er fest, dass die Versammlung satzungsgemäß einberufen und beschlussfähig ist. Anwesend sind ______ *(ggf.* von ______) Mitglieder(n). Er gab die im Einladungsschreiben mitgeteilte Tagesordnung wie folgt bekannt:

1. Jahresbericht des Vorstandes
2. Entlastung des Vorstandes
3. Satzungsänderung zu § _____: Inhalt: _____
4. Neuwahl des Vorstandes
5. Sonstiges

Die Versammlung stimmte der Tagesordnung zu.

TOP 1:

______

TOP 2:
Das Mitglied ______ stellte den Antrag auf Entlastung des Vorstandes.

Der Antrag wurde einstimmig angenommen.

TOP 3:
Der Versammlungsleiter berichtet, dass der Vorstand, wie in der Einladung angegeben, vorschlägt, § _____ der Satzung wie folgt zu ändern: (...)

Der Vorschlag wurde erörtert. Nachdem keine weiteren Wortmeldungen vorlagen, stellte die Versammlungsleitung den Vorschlag zur Satzungsänderung zur Abstimmung.

Die Abstimmung, die per Akklamation („Handheben")/... (sonstiges Verfahren) durchgeführt wurde, ergab folgendes Ergebnis:

Teilnehmende stimmberechtigte Mitglieder: ______________

Für die Satzungsänderung: ______________________________

Gegen die Satzungsänderung: ___________________________

Enthaltungen: ____

Damit wurde die Satzungsänderung beschlossen.

Ggf. (v. a. bei Vollversammlung; besser und rechtssicher ist indes eine entsprechende Regelung direkt in der Satzung): Der Vorstand wird allseits ermächtigt, Korrekturen am Wortlaut der geänderten Satzung vorzunehmen, die nach Auffassung des Vereinsregisters für die Eintragung der Satzungsänderung notwendig sind.

TOP 4:
Der Versammlungsleiter schlug vor, für die Vorstandswahl die Versammlungsleitung dem Mitglied ________ zu übertragen. Dem stimmte die Versammlung einstimmig zu.

Die (auf Vorschlag der Versammlungsleitung schriftlich) durchgeführten Wahlen brachten folgendes Ergebnis:

1. Wahl zum 1. Vorsitzenden:

erster Wahlgang:	Mitglied ________________ : _____ Stimmen
	Mitglied ________________ : _____ Stimmen
	Enthaltungen __________
(ggf.) zweiter Wahlgang:	Mitglied ________________ : _____ Stimmen
	Mitglied ________________ : _____ Stimmen
	Enthaltungen __________
(ggf.) dritter Wahlgang:	Mitglied ________________ : _____ Stimmen
	Mitglied ________________ : _____ Stimmen
	Enthaltungen __________

Damit wurde _________________ wohnhaft in _________________, geboren am __________ zum

1. Vorsitzenden gewählt.

(Entsprechend so für die weiteren Vorstandsämter)

Alle Gewählten nahmen die Wahl an.

Daraufhin übernahm der/die neu gewählte 1. Vorsitzende _______________________ die Versammlungsleitung.

TOP 5:
Der Versammlungsleiter dankte allen Mitgliedern für ihre Teilnahme und schloss die Versammlung um _____ Uhr.

____

Ort, Datum

_____________________________ _____________________________

(Versammlungsleiter) (Protokollführer)

Muster 6: Anmeldung von Veränderungen

Amtsgericht ____________________ – Registergericht

Verein: ____

Name: ____

Sitz: ____

Anschrift: ____

Zur Eintragung in das Vereinsregister wird angemeldet:

In der Mitgliederversammlung des Vereins vom ________ wurden gewählt:

______________________________[4] als ____________________[5]

______________________________ als ____________________

Als Vorstandsmitglieder ausgeschieden sind:

______________________________ als ____________________[6]

Die Satzung des Vereins wurde in § ____ (________[7]) geändert.

Es wird versichert, dass die Mitgliederversammlung form- und fristgerecht einberufen wurde und alle Gewählten die Wahl annahmen.

Eine Abschrift des Protokolls über die Mitgliederversammlung, aus dem die Vorstands- und Satzungsänderungen ersichtlich sind, sowie der Wortlaut der Satzung sind beigefügt.

Um Eintragungsnachricht an den Verein und an den die Unterschrift beglaubigenden Notar wird gebeten.

____________________ , den ________________

____[8]

4 Name, Vorname, Geburtsdatum und Wohnort des Gewählten angeben.
5 Funktion des Gewählten, also z. B. 1. Vorsitzende(r), Schatzmeister, (...).
6 Funktion ergänzen
7 Hier die Überschrift der geänderten Satzungsbestimmung angeben, um den Inhalt zu kennzeichnen.
8 Unterschrift(en) der (neuen) Vorstandsmitglieder in vertretungsberechtigter Zahl.

Muster 7: Beitritt zu einem Verein

____

____

(Name und Anschrift des Beitretenden)

An den

____ e. V.

____

(Name und Anschrift des Vereins)

Vereinsbeitritt[9]

Sehr geehrte Damen und Herren,

hiermit erkläre ich mit Wirkung zum __________[10] meinen Beitritt als Mitglied[11] zum Verein

„________________ e. V."[12].

Meine persönlichen Daten lauten wie folgt:

____[13]

Mit freundlichen Grüßen

____

(Unterschrift)[14]

---

9 Regelmäßig stellen Vereine Formulare für den Beitritt zur Verfügung. Dieser Text soll einem Mitglied bei deren Fehlen helfen.

10 Der Beitritt kann – soweit das die Satzung nicht untersagt – mit sofortiger Wirkung oder auch zu einem bestimmten Stichtag (z. B. Monats- oder Jahresanfang) erfolgen.

11 Bestehen mehrere Mitgliedsarten (z. B. Fördermitgliedschaft, Vollmitgliedschaft, usw.) ist hier die gewünschte Art anzugeben. Gegebenenfalls ist dazu das Vorliegen etwaiger persönlicher Voraussetzungen hierfür anzugeben und ggf. nachzuweisen.

12 Bestehen verschiedene Abteilungen o. Ä., ist noch anzugeben, welchen/r Abteilung/en der/die Beitretende angehören will.

13 Soweit nicht im Briefkopf schon genannt, sind hier regelmäßig Name, Adresse und Geburtsdatum anzugeben.

14 Bei Minderjährigen ist i. d. R. (auch) die Unterschrift der Erziehungsberechtigten (bei gemeinsam erziehungsberechtigten Eltern die beider Eltern) erforderlich.

Muster 8: Austritt aus einem Verein

____

____
(Name und Anschrift des austretenden Mitglieds)

An den

____ e. V.

____
(Name und Anschrift des Vereins)

Austritt aus dem Verein

Sehr geehrte Damen und Herren,

hiermit erkläre ich mit Wirkung zum _____________[15] meinen Austritt aus dem Verein

„____________________ e. V.“.

Eine etwa erteilte Einzugsermächtigung widerrufe ich vorsorglich.[16]

Mit freundlichen Grüßen

____
(Unterschrift)[17]

[15] Der Austritt kann nur, soweit das die Satzung gestattet, mit sofortiger Wirkung erfolgen, sonst ist der Zeitpunkt gemäß der Satzung (z. B. Monats-, Quartals- oder Jahresende) anzugeben; bei Unklarheit kann der Austritt „zum nächstmöglichen Zeitpunkt“ erklärt werden.

[16] Dieser Satz kann entfallen, wenn – auch für Mitgliedsbeiträge o. Ä. – keine Einzugsermächtigung erteilt wurde.

[17] Bei Minderjährigen ist i. d. R. (auch) die Unterschrift der Erziehungsberechtigten (bei gemeinsam erziehungsberechtigten Eltern die beider Eltern) erforderlich.

Muster 9: Antrag an das Gericht auf Ermächtigung zur Einberufung einer Mitgliederversammlung

An das
Amtsgericht _______________ (Registergericht des Sitzes des Vereins)

Betreff: _____________ eV

VR __________

hier: Ermächtigung zur Einberufung einer Mitgliederversammlung

Sehr geehrte Damen und Herren,

gemäß beiliegender Vollmacht vertrete ich die in der Vollmacht genannten ________ Personen, die alle Mitglieder des Vereins _______________ e. V. mit dem Sitz in _______________ sind.

Dem Verein gehören derzeit ______ Mitglieder an. Nach den Bestimmungen des § ___ der Satzung ist ein Anteil von __ der Mitglieder berechtigt, die Einberufung einer Mitgliederversammlung zu verlangen. Das Verlangen muss schriftlich an den Vorstand erfolgen und den Zweck sowie die Gründe für die Einberufung der Mitgliederversammlung angeben.

Mit Schreiben vom _____________ habe ich namens der von mir vertretenen, in der anliegenden Vollmacht aufgeführten _____________ Vereinsmitglieder vom Vorstand die Einberufung einer Mitgliederversammlung mit dem Tagesordnungspunkt „_____________“ (z. B. „Abwahl des Schatzmeisters _____________“) verlangt. Zur Begründung wurde angegeben, dass _____________ (z. B. die Finanzen des Vereins seit geraumer Zeit infolge von Spekulationsgeschäften des Schatzmeisters mit Geldern aus dem Vereinsvermögen nicht mehr geordnet sind. Der Vorstand war bisher trotz Intervention durch etliche Vereinsmitglieder nicht bereit, dem „Treiben“ des Schatzmeisters ein Ende zu setzen.)

Der Vorstand hat mir mit Schreiben vom _____________ ohne Begründung/mit der Begründung _________ mitgeteilt, dass er dem Verlangen auf Einberufung einer Mitgliederversammlung nicht nachkommen wolle.

Ich beantrage daher gemäß § 37 Abs. 2 BGB, mich und die von mir vertretenen Vereinsmitglieder zur Berufung einer Mitgliederversammlung zu ermächtigen und das langjährige, zur Übernahme der Aufgabe bereite Vereinsmitglied Herrn/Frau_____________, geboren am _____________, wohnhaft _____________ mit der Versammlungsleitung zu beauftragen. Nach Sachlage ist nicht zu erwarten, dass der derzeitige Vorstand die Versammlungsleitung im Sinne der Antragsteller ordnungsgemäß führen würde.

Mit freundlichen Grüßen

____

Unterschrift – nicht notwendig öffentlich beglaubigt

Sachregister

60a-Bescheid 42

A
Abberufung 33
Abgeltungssteuer 42
Abstimmungen 20
Abteilungsregeln 7
Aktivvertretung 22
Amtsniederlegung 33
Änderung des Vereinszwecks 30
Anmeldung von Veränderungen
– Muster 59
Antrag an das Gericht auf Ermächtigung zur Einberufung einer Mitgliederversammlung
– Muster 62
Auflösung 38
Aufnahmepflicht 37
Aufwendungsersatz 44
Ausschluss aus dem Verein 35
Austritt 34
Austritt aus einem Verein
– Muster 61

B
Beendigungsgründe
– Auflösung 38
– sonstige 40
Beglaubigung 8
Beiträge. *Siehe* Siehe
Beitritt zu einem Verein
– Muster 60
Beschlüsse
– mangelhafte 21
– Protokollierung 13
Beschlussfassung 30
Beschränkungen der Vertretungsmacht 23
Besondere Mitglieder 36
Besondere Vertreter 24
Bestellung. *Siehe* Vorstand
„Beurkundung" der Beschlüsse 20
Bildung des Vorstandes 11

D
Datenschutz 17
Delegiertenversammlung 25

E
Ehrenamtspauschale 44
Ehrenmitglieder 36
Einladung
– zur Mitgliederversammlung 18
Einladung zu einer Mitgliederversammlung
– Muster 56
Eintragung 8
Eintragung im Vereinsregister 32
Eintragung in das Vereinsregister 33
Eintritt 34
Eintritt und Austritt der Mitglieder 10
Ertragsteuern 42
erweiterte „Vorstandschaft" 12

G
Gemeinnützigkeit 41
Geschäftsführer 24
Geschäftsführung 21
Gründung 6
Gründungsprotokoll 7
Gründungsverfahren 7

H
Haftung 25
Haftungsbegrenzung 25
Haftungsverteilung 28

K
Kosten 45

L
Leitung 19
Liquidation 38

M
Minderjährige 36
Mitglieder 7
Mitgliederversammlung 18
– virtuell, Hybrid 15
Mitgliedsbeiträge 11
Muster
– Anmeldung von Veränderungen 59
– Antrag an das Gericht auf Ermächtigung zur Einberufung einer Mitgliederversammlung 62
– Austritt aus einem Verein 61
– Beitritt zu einem Verein 60

– Einladung zu einer Mitgliederversammlung 56
– Neuanmeldung eines Vereins 55
– Protokoll einer Mitgliederversammlung 57
– Protokoll über die Gründung eines Vereins 53
– Satzung 49

N

Neuanmeldung eines Vereins
– Muster 55
Neuwahl 32

P

Passivvertretung 23
Protokoll 31
Protokoll einer Mitgliederversammlung mit Vorstandswahl und Satzungsänderung
– Muster 57
Protokollierung 20
Protokoll über die Gründung eines Vereins
– Muster 53

R

Rechtsfähigkeit 40
Rechtsform 4
– Wahl 5
Registereintragung 39

S

Satzung 7
– Muster 49
Satzungsänderungen 30
Satzungsneufassung 31
Schuldenhaftung der Mitglieder 29
Sitz 10
Sonstige Organe des Vereins 24
sonstige Steuern 42
Spendenquittungen 43
Sponsoring 44
Stimmrecht 20

T

Tagesordnung 30
Tod 34

U

Überschussverteilung 39
Übungsleiterfreibetrag 44
Umsatzsteuer 42
Umwandlung„ eines nicht eingetragenen Vereins in einen e. V. 16

V

Vereinsname 10
Vereinsregisteranmeldung 8
Vereinssatzung 9
– Mindestinhalt 10
Vereinszweck 6
Verkehrsteuern 42
Vertretung 22
Vollmachten 24
Vorstand 21
Vorstandsänderungen 32
Vorverein 9

W

Wahlprotokoll 33

Z

Zuwendungsbescheinigungen 41